生成流転の哲学

人生と世界を考える

小林道憲 著

ミネルヴァ書房

生成流転の哲学——人生と世界を考える

目次

1　万物流転

ヘラクレイトス

トルコ西部の小アジアの都市セルチュク近郊にあるエフェソス遺跡は、多くの乳房をもったアルテミス像で有名だが、今はヘレニズムやローマ時代の遺跡が残るだけである。エフェソスは、元はペルシア王国に属したギリシア植民都市で、エーゲ海に面したイオニアの大港湾都市であった。しかし、その後、土砂の堆積で海岸から離れていった。

万物流転を説いた紀元前五百年頃の哲学者、ヘラクレイトスは、エフェソスの王族兼聖職者としてこの町に生まれた。ヘラクレイトスの来歴は、この程度のことしか分かっていないし、書いたものも、後人の引用による断片しか残っていない。

「同じ川に足を踏み入れようとしても、つぎつぎと違った水が流れ去っていく。」

この断片は、あらゆるものは流転し何一つ留まらないというヘラクレイトスの思想を象徴的に語ったものであろう。自然は川の流れのように常に変化している。この世界には、何ら固定し不動なものはない。どんなものでも在るのではなく成るのであると、ヘラクレイトスは考える。

　確かに、われわれの身の回りの物体も、一見静かで動かないように見える。しかし、これも、そこでは無数の分子や原子が活動し入れ替わっている。目を宇宙に転じても、星は生まれ死し、銀河も成長し、片時もなく変化しつづけている。物質も宇宙も、生成しつつあるものである。この世界は流動の世界である。そこには、安定したものはなく、あるのは不断の変化だけである。在るとは変わりつつ在ることなのである。

　滴る水滴、渦巻く水流、湧き上がる雲、吹きすさぶ風、燃え盛る炎など、自然の大部分は、同じ形を再現することのできない流動的な形態で占められている。自然は本質的に流動体である。流体はいつも安定性を失う傾向にある。例えば、地表面と上空との温度差は大気の熱対流を生み、地球の中心核と地殻との間の温度差はマントル対流を生む。寒風吹きすさぶヒマラヤ山脈のような氷結した山岳地帯も、地殻の対流によってつくられる。地球も流体なのである。

　蛇口から勢いよく出てくる水、山の間を勢いよく駆け降りる急流、突然の大雪崩、地震や火山などの急激な地殻変動、乱気流など、流体には乱流現象がある。規則的で乱れのない層流状態から流速を増していくと、ある臨界点から流れの様子が一変し、不規則で予測不可能な流れができる。これを乱流という。乱流にはしばしば渦が現われる。液体や気体中で、高速と低速、高温と低温、粘着性と流動性など、質的に異なったものが接触すると、その接触面で一つの層が他の層を巻き込もうとして、渦が形成される。

物体も、絶えず入れ替わる構成要素によって一時的に形成される渦のようなものであろう。ミクロの世界の素粒子も、電磁場や重力場などにできる渦のようなものである。地層は褶曲して山や岩石を形成するが、この山や岩も、地殻にできる渦である。われらの身体も水や空気の循環の中にあり、それを構成する物質は常に交代している。その過程で、それらが渦のような形をとった流体が身体なのである。あらゆる個体は巨大な流体の一部であり、絶え間なく流れている川の中に現われては消える渦である。「同じ川に二度入ることはできない」と言ったヘラクレイトスは、このことを直感していたに違いない。山も流れ、岩も流れる。

この宇宙でも、その中でつくられた星間物質が集まって星雲が形成され、星雲が凝縮して銀河が形成され、銀河の中のガスが凝縮して星ができる。そして、その銀河が群れをなして、銀河集団や超銀河構造をつくっていく。銀河の分布も一様ではない。太陽や恒星も、われわれが想像しているような固体ではなく、ガスの巨大な集まりである。そして、それらの一部は超新星爆発を起こして元の星間物質に戻り、その超新星爆発の残骸から新しい星は生まれてくる。渦をつくる川の流れのように、この宇宙も無限の生成の過程にある。この宇宙は一つの乱流なのである。

渦巻き銀河は、宇宙がそのような乱流でできていることの象徴であろう。われらの銀河も、円盤状をなした渦巻き銀河である。流体としての宇宙の一部に形成される渦潮や台風のようなものが、渦巻き銀河である。宇宙は、間断なく生成変化していく流れなのである。ヘラクレイトスも、そういう宇宙観に近いものをもっていたのであろう。

同じ流れに立つことはできないと考えたヘラクレイトスは、自然は不可逆で不確実性に満ち、逆戻りすることもなく、まったく同じことが起きることもないと考えていたと言える。自然は、瞬時も同じ一つのものであることはない。自然は絶えず新しいものを生み出してきた。日に日に新しく創造されていくもの、刻々と変わっていく動的なもの、それを、ヘラクレイトスは見ていたのであろう。実際、自然は、固体、液体、気体と、それまでの状態が不安的化して、突如、新しい状態が現われることを繰り返す。相転移と言われる現象である。自然は新しい形を創造し、同時にそれを破壊し、常に変化していくのである。ヘラクレイトスの言うように、「太陽は日ごとに新しい」のである。

この世界は休むことのない流れである。ヘラクレイトスは、この常なる変化の世界の象徴として、〈火〉を世界の原理とした。世界は、火から生まれ、一定の周期に従い交代しながら、そして再び火に還る。あらゆるものは火の交換物であり、火の希薄化と濃密化によって生成する。

「火は土の死を生き、空気は火の死を生き、水は空気の死を生き、土は水の死を生きる」

と言う。しかも、火は永遠に生き、「定量だけ燃え、定量だけ消える」とも言う。

ヘラクレイトスの宇宙論では、ある一定の量のエネルギーが様々な宇宙の構成物に転換し合い、そのエネルギーの一定量は変わらないと考えられていたようである。現代物理学でも、この宇宙はエネルギーに満ちた場と考えられ、それが収縮して物質を生み出し、それが分散して元のエネルギーに戻ると考えられている。しかも、そのエネルギーと物質の総計は一定量だと考えられている。川の流れと渦は明確に区別できないように、エネルギーと物質も相互に転換しうる。ヘラクレイトスも、すでにこのことを、万物の原理、火の転化として考えていたのであろう。

この世界は瞬間瞬間に変化して止まない流れである。ヘラクレイトスの考えたように、「われわれは同じ川に入っているとともに入っていない」のである。とすれば、「われわれは存在するとともに、存在しない」ことになる。生成とは、存在と非存在が矛盾しながら同時存在しているということである。一であって同時に一でないことはありえないという矛盾律を超えるもの、それが生成である。

したがって、昼と夜は一つだとヘラクレイトスは言う。昼と夜は対立するが、それも一つの過程の表裏にすぎない。本質は、その過程の中にある。流転と生成の世界では、相対立する相が相互に転換する。反対するものは、同時につながっているのである。ヘラクレイトスが言うように、弓と竪琴のように逆向きになったものがつながることによって、最も美しい音律が生まれる。互いに反対方向に向かう宇宙的プロセスが同時進行することによって、変化はある。自然は形を変えていく。満ちた月も必ず欠ける。凝縮と分散、創造と崩壊も、同時存在してはじめて変動ということがある。

自然現象でも、遠心力と求心力、高速と低速、軽重、濃淡、膨張と収縮など、反対するもの同士が絡み合うと、回転や巻き込み、律動や蛇行、螺旋運動などが生じ、生成変化が起きる。台風も、高気圧と低気圧、冷たい気流と温かい気流、下降気流と上昇気流が接触するとき、その接触面から渦が生じることによって生まれる。

生と死も、同時に存在している。われわれは生きていると同時に死につつある。死があるがゆえに生がある。生と死もまた一つである。生と死も相反し対立するが、生が死になり、死が生になることによって、生成変化は起きている。ヘラクレイトスは言う。

「不死なる者が死すべき者であり、死すべき者が不死なる者である。かのものの死をこのものが生き、かのものの生をこのものが死している」と。

われわれも、誕生し、成長し、成熟し、退化し、老衰し、そして死んでいく。結んでは直ちに消え、消えてはまた結ぶ泡沫《うたかた》のようなもの、それがわれわれの生である。

ヘラクレイトスは、また、「万物から一が生じ、一から万物が生じる」とも言う。世界は、一から多へ、多から一へ、生成そのものである。現代の物理学でも、ミクロの世界で生成消滅している多くの素粒子を根源的場の現われとみている。そして、それらは相互に結びついた不可分な織物のようなものだと考えている。世界は一であると同時に多なのである。われわれは根源的一に還らねばならない。

ヘラクレイトスは、その時代、聞いても理解しない輩、聞くすべも語るすべも知らない人間、いかがわしい歌や踊りに熱狂する人々を批判してやまなかった。だから、ヘラクレイトスは、エフェソスの人々とはうまくいかなかった。

「エフェソスの人間なんて、もう成年に達している者は、みんな首をくくって死んだ方がいい」

というのも、ヘラクレイトスの言葉である。

万物の生成変化を説いたこの哲学者の見たものは、このような孤高の人にのみ見えた宇宙の流転の姿だったのである。

共鳴する宇宙

二十世紀後半、スイスのバーゼル郊外のドルナッハで医者をしていたハンス・イェンニは、音響学で有名な十八世紀末のクラードニの先例にならって、様々な周波数の振動を加えられた物質でいろいろな形をつくっていく実験を繰り返していた。水滴、水銀の粒、石英粉など、液体や固体の材料を使い、それに振動を与えると互いに共振し、螺旋《らせん》や渦、鱗模様など、千変万化する形態が現われる。イェンニは、これをキマティーク（波動学）と名づけ、記録し、出版もし、映画化もした。振動が与えられ共振することによって、物質は、それを形に変えるのである。

われわれの宇宙も、そのような共振から多様な形をつくっていく流動体ではないか。夜空を眺めていると、光り輝く星や惑星や衛星、無数の星が集まっている銀河以外は、真っ暗な何もない空間のように見える。しかし、それは、われわれが可視光線で見ることのできる部分だけを見ているためであって、それらのまわりには宇宙の塵やガス、星間物質などが流体として漂っている。

宇宙空間はエネルギーに満ちた場であり、重力ばかりでなく、電磁力が働いている。宇宙に存在する物質の九九パーセント以上は、電磁相互作用からつくられた流れである。それが銀河を形成し、恒星にエネルギーを与え、惑星を誕生させている。そして、それらは、電波、マイクロ波、赤外線、可視光線、紫外線、X線、ガンマー線など、電磁波を、宇宙全体に放射している。宇宙は巨大な電磁場なのである。

その電磁場の振動が種々の粒子として現われ、電磁場を通して共振する。電磁場を運動する荷電粒子は磁場をつくり、その磁場によって運動方向を変え、他の粒子と協働し、新しいパターンをつくっていく。荷電粒子や光子の運動がつくりだす場が電磁場なのだが、逆に言えば、電磁場の振動と収縮が荷電粒子や光子の運動として現われているのだとも言える。電子や光子が粒子としても波動としても現われるのは、そのためである。素粒子から銀河まで、そのような電磁場の流れの中にできる渦によって形成されている。川の流れの中にできる渦と川の流れそのものが区別できないように、粒子と場は区別できない。

宇宙はエネルギーの海であり、その海に生じる波のように、素粒子や星や銀河が生成してくる。宇宙の中のすべての物質は、この共通した場で影響し合い、共振している。粒子と粒子、星と星、銀河と銀河の相互作用も、この共通する場を通した波の共振としても理解しなければならない。このような波動と粒子によって構成される宇宙は、静かに固定された存在ではなく、休むことのない流動としてのみ存在する。宇宙は激しく変化しているのである。

スウェーデンの宇宙電磁気学者、アルヴェーンは、この宇宙は重力だけでなく電磁力によっても形成されていると考え、プラズマ宇宙論を唱えた。

原子から電子を引き離し、イオン化し、それらを高濃度で内包している気体のことを、プラズマという。プラズマは高い導電性をもち、荷電粒子が自由に動き回り、全宇宙を満たしている。われらの太陽をはじめ多くの恒星は、水素とヘリウムの核融合プラズマによって巨大なエネルギーを発している。プラズマは磁力により閉じ込められ、その磁場によって加速された荷電粒子は電磁波を放射する。カニ星雲のような電波源からくる強力な高周波も、星間の強い磁場によって加速された電子から放射されたものである。宇宙空間にこだましている宇宙背景放射も、宇宙でつくられたマイクロ波の反響であろう。

プラズマには固有の振動数があり、その振動が共振するという現象がある。ランダムな運動を繰り返しながら相互作用している電子や光子にエネルギーを注入し続けると、ある臨界点を越えたところで、それらは共振して突然周期がそろい、急に整然とした対流状態をつくりだす。新しい形が生成するのである。

宇宙を構成している星間物質、星、銀河、銀河団もプラズマからできていて、そのような粒子の共振から生成してくるのであろう。中性子星も強い磁場をもち、強い光と電波のビームを放っている。銀河には、たくさんのアーク（弧）、スレッド（糸）、フィラメント（繊維）が見られるが、これらは、プラズマの放電の際に典型的に見られる形状である。星の進化における凝縮や巨大化、爆発なども、重力作用だけでなく、電磁力の作用が大きく働いている。このような宇宙に見られる様々なパターンと同じパターンは、実験室での高エネルギー放電実験でも再現することができる。

銀河中心の周囲にも、電場と磁場のもつれ合いによってできる非均質な糸状のフィラメント構造がある。小さな電流の糸が共振して身を寄せ合い、収束した糸がもつれてプラズマの綱になる。それは電磁気的な竜巻なのである。星雲も、オリオン星雲に見られるように、星を取り巻く大量の熱せられたプラズマで、フィラメント構造をつくる。

宇宙のはるか遠くにあるクエーサーは活動銀河の中心核で、銀河系全体よりも百倍も明るいが、その大きさは太陽系ぐらいである。そして、まばゆいジェットを放射し、強力な電波源となっている。ジェットは、銀河の中心核から噴出するプラズマである。超大質量をもつ星が自らの重力で収縮し、もはや光も出てこられなくなったブラックホールからも、実は、高エネルギーのジェットが放出されている。強力な電波パルスを規則正しく放射している星、パルサーも、短い間隔で突発的に現われる活動電位の束（バースト）を、高速回転している天体から噴出させている。宇宙はジェットやバーストだらけで、これは電磁力によってしか説明できない。電磁場は、重力よりも強力に物質とエネルギーを集中させることができるのである。

宇宙につくられた物質が集まって星雲が形成され、星雲が凝縮して星が形づくられ、星が集まって星団や銀河ができる。その銀河は、電磁フィラメントに沿ってつながり、銀河団をつくり、電磁波を盛んに放射している。さらに、銀河団は集まって超銀河団になり、それらがグレート・ウォールや泡構造をつくり、巨大なアトラクターに引き寄せられている。この階層性をもった宇

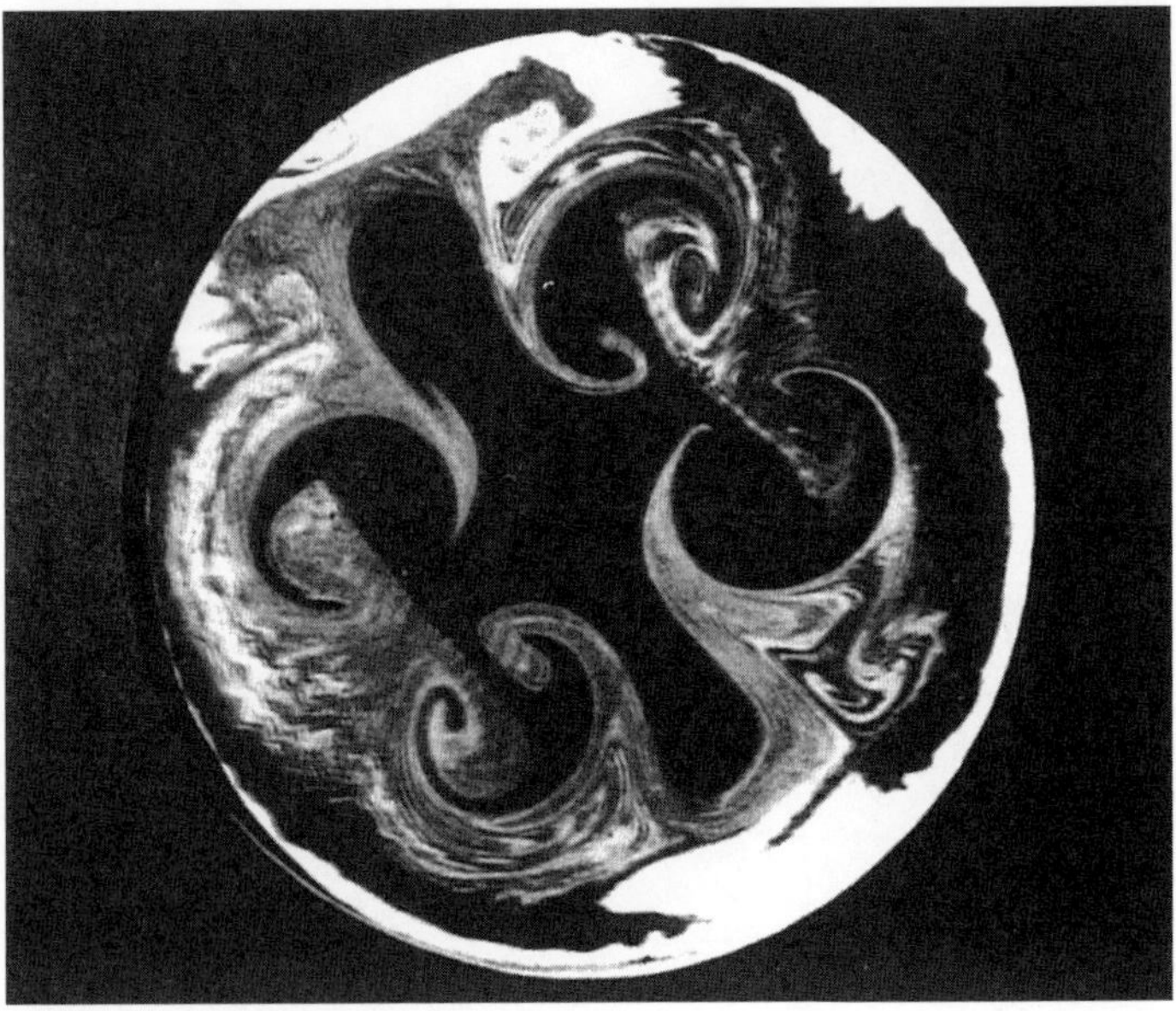

ハンス・イェンニのキマティーク

宙の大構造は、クリスマスツリーのライトのように、細い電磁フィラメントで結ばれたネットワーク群である。

この宇宙は、銀河が一様に分布しているのではなく、川の流れが大小の渦をつくるように、非均質な構造を形づくっている。宇宙の大構造も、プラズマ相互作用から形成されたもので、重力によるものとだけは考えられない。このような大構造の中で、星は生成と消滅を繰り返しているのである。

物質は、素粒子、原子、分子、それぞれのレベルで絶え間なく振動している。宇宙に存在する各種粒子は、特有の振動数や位相をもった振動子である。振動子同士は同期する。振動数の位相が一致する場合はもちろん、振動数が少し異なっていても、相互励起によって自律的に同期現象は起きてくる。この宇宙は振動するプラズマによって成り立っているから、そこには同期現象があり、それがジェットやバースト、フィラメントや渦をつくっていく。宇宙で観察できる複雑な構造は、このような物質間の動的協力性から生じるのであろう。物質は、共通の場を通して相互に影響を及ぼし、同調し、協調行動をとる。

粒子間相互作用には共鳴という現象がある。素粒子と素粒子は、場の振動とともに共鳴し、相互励起する。この共鳴現象は、物質やエネルギーの局所化として現われ、それが新しい形をつくっていく。共鳴が共鳴を呼び起こすことから、物質から宇宙まで、多くの構造やパターンが形成される。ミクロリズムの共振から、多様なマクロリズムが生み出されるのである。

　宇宙は、河川や海流や大気のような流体である。流体は、その流量が増すにしたがって、周期的な流れから不規則な流れ、乱流に変化する。星雲、星、星団、銀河なども、乱流によって生じた渦のようなものであろう。現に、宇宙には、定常的でない膨張や収縮がある。川の流れの中にできる渦のように、誕生しつつある星があるかと思えば、死滅しつつある星もある。どこに渦ができ、どこの渦が消滅するかは予測できない。

　流体の中で、高速と低速、高温と低温など、質的に異なったもの同士が接触すると、その接触面で一つの層が他の層を引き込もうとする傾向が生じ、渦が形成される。この宇宙でも、磁場を運動する電流が引き込み合い、台風や急流や海流のように渦をつくる。

　星間物質は、いわば宇宙の大気で、その大気に発生する台風のようなものが渦巻き銀河である。渦巻き銀河は、多様な渦巻きパターンを描く。われわれの太陽系が所属する天の川銀河も、何本ものエレガントな腕をもつ円盤状をした渦巻き銀河である。腕や円盤のほとんどの部分はガスと塵で構成される星間物質だが、ここから無数の星が生まれている。しかも、渦巻き銀河は、コンピューターのシミュレーション実験で、ほとんど見分けのつけることのできない形で再現することができる。

　この宇宙はカオスなのである。カオス現象では、初期条件のわずかな違いが増幅されて、その変動は、川の流れや大気のように、予測できない巨大な変化に成長する。ここでも、多くの要素が共振しつつ相乗的に変化する振動の同期現象が見られる。共振によって振幅が増大し、不安定化し、突如として別の状態に変化する。水流に生じる乱流のように、カオスは流体運動には付きものである。超銀河構造や銀河、星や惑星の誕生なども、このような同じ形を再現できないカオス現象としても理解しなければならない。

〈生きている〉ということは、動的に協力しつつ新しい動きを生み出し、自《おの》ずと新しい形をつくっていくということである、その意味では、銀河や星や惑星をつくっていく宇宙も〈生きている〉と言わねばならない。

この宇宙は、エネルギーと波動の海であり、諸形態が流動的に変化しつづけている不可分な全体である。海面にできる波が海面と別のものではないように、宇宙の各部分は、分かつことのできない共通の場で相互に結合している。素粒子から銀河まで、あらゆる事物は、どんなに遠く離れていても動的に結びついている。銀河、星、粒子、どれも独立した実在ではない。そこでは、一つのものが他のすべてのものに浸透し、他のすべてのものが一つのものに浸透する。相互作用や共振が可能になるのは、そのような共通した場があるからである。自己創造する動的宇宙は、このようにして形成される。

宇宙は無数の要素の共鳴世界である。それは、多くの弦楽器から生まれる音が共鳴して奏でられる管弦楽である。そこでは、多くの音の振動や位相が同期している。弦と弦が共振するように、宇宙の出来事は響き合っている。われわれ地球上の生命体も、この宇宙のリズムと共振している。

ハンス・イェンニの多くの実験に現われた多様な形は、宇宙の縮図だったのである。

華厳の世界

われわれ動物がもっている免疫システムは、複雑なネットワークによって維持されている。だから、免疫システムは、自分とは違う異物を見つけて攻撃するシステムだという説明だけでは十分ではない。われわれの体内には害を及ぼさない細菌も棲み、有用な働きをする細菌は、免疫システムによって攻撃されずに生きているからである。免疫システムは自己と非自己を区別するシステムだというだけでは不十分で、免疫反応を引き起こすには、何か別のシグナルが必要である。現に、われわれの免疫システムでは、無数の細胞と分子が、その異物を標的とすべきかどうか厳重にチェックし、幾層にも重なる仕組みで、そのシステムを制御している。

まず、マクロファージなどによって発動される自然免疫は、病原体の存在を検出するとともに、存在する病原体の種類を認識し、その種類に応じて免疫反応を実行する。次に、その自然免疫で対応しきれなくなると、体内に侵入した病原体の構造や性質に合わせて、獲得免疫が発動される。獲得免疫を司るT細胞とB細胞が、自然免疫を司る細胞から病原体の情報を得て、それを攻撃する分子構造を作る。それが抗体である。しかも、獲得免疫は、過去の感染の記憶能力をもつ。

この場合、自然免疫から獲得免疫への橋渡しをする樹状細胞の役割は大きい。樹状細胞は、感染の現場で病原体に遭遇すると、それを呑み込み、破壊し、成熟状態になる。そして、食べたばかりの病原体の破片をサンプルとして、T細胞に提示する。すると、T細胞は免疫反応を開始する。樹状細胞は、獲得免疫反応を呼び覚ます働きをするのである。また、樹状細胞は、反応を停止させることもできる。樹状細胞が反応停止を指示すると、T細胞は免疫反応を止める。

さらに、インターフェロンなど、サイトカインといわれるタンパク質分子は免疫システムの情報伝達物質であり、細胞間のコミュニケーション手段の役割を果たす。サイトカインは、様々な種類の免疫細胞に働きかけて活動を促す。われわれの免疫システムは、そのような情報伝達物質を通して免疫細胞同士が綿密に結ばれたネットワークなのである。それは、複雑な要素が絡んだ複雑なシステムであり、絶えず状態を変えながら、幾重にも重なり合って働いている。免疫システムは、このようなネットワークによって、自己と非自己を認識し、環境の変化に応じて変動し、人体の生存を維持しているのである。

人体は、遺伝子、タンパク質、細胞、器官、その他無数の構成要素が相互作用している小宇宙であり、各要素が相互に連関した複雑な網の目構造をしている。それは、個々人がそれぞれつながって複雑な相互関係を構築し、家族、地域社会、利益社会、国家、国際社会と、多層的に多様な構造をつくり、常に変化していくわれわれの社会に似ている。

われわれの脳も、長く伸びる軸索や樹状突起をもった無数のニューロンが縦横に連なったニューラル・ネットワークである。だから、どのニューロンから出ている軸索も、最終的には他のニューロンの樹状突起につながり、情報伝達のリンクを作っている。

しかし、脳機能を、ニューロンやニューロン間でやり取りされる化学物質に還元することはできない。また、ニューロンの物理的な配線図をどんなに追究していっても、そこから様々な思考、感情、記憶など、意識機能を割り出してくることはできない。

脳の様々な部位をニューラル・ネットワークの結節点と考えれば、脳は、隣接する結節点同士のつながりでできた大きなまとまりである。しかも、脳のネットワークの各結節点は、複数の機能に関与し、他の結節点とも密接に連結されているから、脳の機能は一定の脳領域には局限されない。

脳内の各ニューロンは一種の振動子であって、振動子としての何百万ものニューロンが同期して、機能的な統合が生まれるのだと考えねばならない。地球の裏側の知らない人とも六次のつながりで瞬く間につながってしまうように、遠くに離れているニューロン同士も同期して、脳機能を生み出す。われわれの思考や感情、記憶や行動パターンが生まれるのは、ニューロン間の位相の同期によって協調した働きが生まれ、脳が一つのまとまりをもった統一体として働くからである。それは、ちょうど、数百人の観客の手拍子が、短時間でリズムが合ってくるのに似ている。あるいは、オーケストラの一人ひとりの演奏者の楽器の奏でる音が共鳴して、見事に調和のとれた絶妙なハーモニーが生み出されるのに似ている。

東南アジアの河川沿いに生い茂るマングローブの森で一斉に同期して集団発光するホタルがいる。その集団発光のパターンのようなものが、われわれの認識や思考、感情や記憶作用なのであろう。

ものを見るのに、目をふさいで手で触って見ることもでき、美味しい料理を目で見て味わうこともできる。そのような視覚や触覚や味覚間で働く共感覚という現象がみられるのも、各脳領域がネットワークを形成していて、密接に連なり結合していることによる。同じ認知活動が別々の脳のネットワークから生み出されもするし、同じ一群のネットワークが複数の認知機能に関与もしている。だから、認識機能を、それぞれの皮質の特定の部位に割り振ろうとする考えには限界がある。脳のある部位が傷害を受けても、他の部位が代替しつつなぎ直して、行動を調整したり回復することができるのも、ニューラル・ネットワークが連結や接続の組み換えを行なうことができることによる。

ニューラル・ネットワークではすべてがつながっているから、脳機能は分散的に存在している。ラットの脳を切断してバラバラにしても、学習能力や記憶能力が失われないのは、ラットの記憶能力が、特定の脳の領域に蓄積されているのではなく、ニューラル・ネットワークのどの結節点にも分散して蓄積されているからであろう。プリブラムが、『脳の言語』の中で、脳の機能局在説に疑問をもち、脳は、部分の中に全体が映し出されているホログラムのようになっているという説を唱えたのも、そのことによる。

　脳はまた、一つの機能単位から成り立っているのではなく、多数のモジュールの複合体として階層性をもち、その階層間もまたネットワーク的な相互作用を行なっている。脳は一種の社会であり、小宇宙なのである。脳機能は、大量の神経細胞のつながり合いと相互作用から生まれる複雑なパターンなのである。

　生命世界は、本質的に相互連関的世界であり、要素と要素が縦横に結合し、相互に作用し合っている関係のネットワークなのである。


　ミクロの物質世界も、無数の要素が相互に連関する網の目構造によって成り立っている。ミクロの宇宙は、様々な粒子の出会いと崩壊、粒子の絶え間ない相互変換によって形成される出来事のネットワークである。粒子の世界は、統合された世界の様々な部分が織りなす関係のネットワークであり、その相互作用のネットワークの部分としてのみ粒子は出現する。だから、カプラが『タオ自然学』で語っているように、どの粒子も他より基本的ということはない。あらゆる粒子は他のすべての粒子からなり、もはや物質の基本的要素という概念は通用しない。ミクロの宇宙は間断なきエネルギーの場の流れであり、粒子は、そのエネルギーの場が凝縮して作るパターンにすぎない。粒子は物体ではなく、むしろ過程なのである。

　目をマクロの宇宙に向けても、この宇宙の森羅万象は重力場や電磁場を通して相互に結合し、連関していて、分離した実在とは考えられない。どんなに遠くの天体同士も、電磁場や重力場を通して結びついている。万物の相互結合性は、遙か彼方の星や星雲にまで及んでいる。マクロの宇宙も、本質的に万物の相互連関によって成り立っている。

宇宙は諸物質が複雑に入り組んだ織物であり、そこでは種々のつながりが交錯し、そのことによってその織物の文様が決定されていく。宇宙の中のすべての出来事は、全体から切り離されたものではなく、すべてが絡み合って起きる。ボームが『全体性と内蔵秩序』で言っているように、あらゆる出来事は宇宙全体の中の相互に連関し合った不可分な部分だと受け止めねばならない。あらゆるものは分割不可能な全体の現われなのである。

宇宙は、相互に連結した事象と事象の相互連関によって形成される動的ネットワークである。その無数の結節点が、銀河や星、惑星などとなって立ち現われてくる。したがって、銀河や星はそれぞれ自立した実在ではなく、相互連関性のネットワークの部分と考えねばならない。あらゆる出来事は、宇宙の各部分がつながり関わり合うことによって引き起こされるものなのである。

大乗仏典の中でも最も大部の経典に属する『華厳経』は、およそ一、二世紀のころ、北西インドあたりで作られた「十地品《じゅうじぼん》」や「入法界品《にゅうほっかいぼん》」など、多数の経典が西域南道のホータンで集大成され、中国に伝わったものだという。

この『華厳経』の中にしばしば出てくるインドラの網（インドラ・ネットワーク）の譬《たと》えは、この世界が円融無礙の重々無尽の世界であることを巧みに表現している。インドラ（帝釈天《たいしゃくてん》）の宮殿には、無数の宝珠によって飾られた網があり、この網の無数の結び目に付けられた一つ一つの宝珠は互いに映し合い、限りない映し合いの世界を現出させている。一つの宝珠はそれぞれ独自に存在するのだが、同時に、他の多くの宝珠の中に映しとられている。また、逆に、一つの宝珠の中には、他の無数の宝珠が映し出されている。

このインドラ・ネットワークの譬えは、世界が万物の相互連関によって成り立っていることを表わしている。世界のすべてのものは互いに絡み合い、つながり、連関しているのである。

『華厳経』には、また、悟りの世界で善財童子が見たという大楼閣の記述がある。その大楼閣は無数の宝石によって敷き詰められ、無限の広さをもつ。しかも、その大楼閣の中にはまた、無数の宝石で飾られた幾百千もの楼閣があるという。一楼閣の中に大楼閣が映され、その映された大楼閣の中の一楼閣の中にも、また大楼閣が映されている。しかも、これら無数の楼閣は、互いに侵害し合わないという。

この大楼閣の比喩は、万物が相即相入する世界を描いており、この宇宙の比喩なのであろう。すべての中にそれぞれがあり、それぞれの中にすべてがある。一微塵の中に全世界が映され、全世界の中に一微塵が映されている。一つのものがそれ自身として在るということは、同時にまた他のすべてのもとに在るということでもある。あらゆるものは相互に含み合っているのである。

『華厳経』の語る世界は、万物の無限の映し合いの世界である。万物が相互に連関する世界では、各事象は互いに映し合っているから、自己の中に他者があり、他者の中に自己がいるという構造になっている。

万華鏡を回しながら覗いてみると、いろいろな形象が現われる。何枚もの鏡を組み合わせて対象物を無限に映し合わせると、一つの実像が複数の鏡に反射を繰り返して、無限に広がる映像の華麗な世界を作り出す。しかも、まったく同じ映像を二度と作ることはできない。すべての映像は千変万化し、一つとして同じものはない。このような万華鏡のような世界、それがこの宇宙なのである。免疫システム、脳、ミクロの宇宙、マクロの宇宙、すべて、そのような万華鏡のような世界であり、『華厳経』が語っているような世界なのである。

2　いのちのかたち

食虫植物

　二十世紀前半の偉大な哲学者、ベルクソンは、『創造的進化』の中で、植物における運動と意識の目覚めの例として、食虫植物の行動をあげている。植物において眠り込んでいた活動性が目覚め、運動と意識の自由を獲得した形態が食虫植物だと言う。

　食虫植物は、大きなものから小さなものまで、世界で七科約七百種が知られ、形も様々である。食虫植物は、一般に美しい外見や特殊な匂いなどを出して虫をおびき寄せ、それを捕えて消化する。だから、食虫植物は、捕虫器と呼ばれる特別な葉をもっている。食虫植物の捕虫方法は、閉じ込み式、落とし穴式、粘着式、吸い込み式、誘い込み式など、これも様々である。

　ハエトリソウは、閉じ込み式捕虫をする食虫植物で、北アメリカ原産だが、栽培もされていて広く知られている。ハエトリソウの葉は、二枚貝のように真ん中で折り畳める作りになっている。葉のふちには針状突起といわれる針のようなものが何本も生え、閉じたとき、虫かごのような役割を果たす。内側には三対の感覚毛が生えていて、虫が葉の中に入り、この感覚毛に二回触れた瞬間、素早く葉を閉じ、虫を閉じ込める。そして、閉じる力を次第に強くし、虫の体液を絞り出し、消化腺から消化液を出して、虫から栄養を吸収する。しかし、小さい石ころや針金で触ったときにはそれほど動かず、粘液も余分には出さない。ハエトリソウは虫と虫以外のものを区別し、虫が確実に葉の中に入ったことを確かめてから挟みつけているのである。この種の捕虫をするものには、他に、水中で生活しているムジナモがある。

落とし穴式捕虫をする食虫植物の代表は、ウツボカズラ類である。ウツボカズラは蔓を伸ばして、葉の先に壺のような形の捕虫袋を形成し、それを落とし穴のように使っている。そして、ウツボカズラの蜜腺から出された匂いに誘われてきた虫が捕虫袋の蓋や襟に止まると、虫は足を滑らせて捕虫袋の中に落ちる。虫がもがいて壁を登ろうとしても、タイルのように滑りやすくなっていて登ることができない。同じウツボカズラの仲間のサラセニアは、トランペットのように伸びた捕虫袋の内側に細かい毛が下に向かってたくさん生えていて、落ちた虫が上に登ろうとしてもがけばもがくほど下の方へ落ちてしまう仕組みになっている。ウツボカズラでもサラセニアでも、落ちた虫は消化液の中で溺れ、消化吸収されてしまう。

モウセンゴケ類は粘着式で虫を捕らえる。モウセンゴケ類の葉の表面には約二百本の赤くて細い腺毛があり、その先から粘々した粘液を出す。そして、虫が止まると粘液で逃げられないようにし、腺毛を曲げて虫を取り押さえる。中には、葉も曲がって虫を包み込む種類もある。また、トンボなど獲物が大きいときには、二、三枚の葉や他の株が協力分業して、虫の尾や翅や足を押さえつける。捕まえられた虫は、腺毛から分泌される消化液によって消化吸収される。この種の方式で虫を捕るものには、ナガバノイシモチソウ、ムシトリスミレ、コウシンソウなどがある。

タヌキモの仲間は、吸い込み式捕虫をする食虫植物で、根をもたない水中植物である。茎の長さは一メートルを超えるものもある。タヌキモ類は枝分かれした茎を水中に伸ばし、捕虫嚢《のう》と呼ばれる袋状のものをたくさんつけている。捕虫嚢には内側に開くドアがある。ドアに生えている棘によってプランクトン（ミジンコなど）が触れたことを感知すると、このドアが瞬時に開き、水といっしょにプランクトンを吸い込み、目にも止まらぬ速さで閉じる。そして、捕虫嚢の中で、プランクトンを消化吸収する。湿地や池や沼の周辺、木や岩の上などに生えているミミカキグサの根も、タヌキモと同じように、捕虫嚢を使って、吸い込み式でプランクトンを捕まえる。

地中に伸びた葉で捕虫するゲンゼリアは、誘い込み式捕虫をする食虫植物である。ゲンゼリアは、根のように伸びる白い葉と白い捕虫葉を地中に這わせ、地中の水分の中にいるプランクトンを吸い込む。この捕虫葉は逆Y字型をし、二股に分かれた部分から切れ込みのある管が螺旋状に伸び、Y字の合流点には入り口がある。管の中には常に水が流れていて、水中のプランクトンは、管の切れ込みから吸い込まれていき、内側の消化腺から出る消化液によって吸収される。

食虫植物も、光と水と空気から光合成をして自ら栄養を作り出す普通の植物である。だから、食虫植物も、普通の植物と同じように、葉もあれば茎もあり、花を咲かせて種を作る。しかし、食虫植物は、土や水から取るべき栄養が少ないところに生育している。そのため、虫を捕らえてでも栄養を補給するように進化したのが、食虫植物なのである。植物は、動物のように動き回って食べ物を探す必要がないから、定住して動き回ることはない。ところが、食虫植物は、環境が悪いために、逆に、動き回る昆虫やプランクトンを捕らえて、それを養分にしようとしたのである。それは、養分に乏しい環境でなお生きていこうとして編み出された工夫だったのである。

食虫植物は、酸性度の高い湿地や水中、養分の少ない痩せた岩の上など、他の植物が生育できないような過酷な環境に入り込み、そこで生きていくために、空を飛ぶ虫や水中を泳ぎ回るプランクトンを直接捕まえて食べることを身につけたのである。虫やプランクトンから窒素やリンなどの無機物さらにタンパク質などの有機物を補給することで生存してきたのだから、いわば、植物が肉食動物化したとも言える。どんなに厳しい環境であっても、植物は環境に合わせて進化し逞しく生きていく。生きていくために、食虫植物は動物的要素を復活させたのである。

食虫植物が、虫やプランクトンが近づいてきたことを感知するために感覚毛（一種のセンサー）を作ったのも、動物的要素の復活のひとつである。ハエトリソウは、虫が二度触れると閉じるが、タヌキモやムジナモは、プランクトンが一度触れただけでも吸い込む。食虫植物は、栄養補給のために、電気信号でも化学物質でも何でも使って、動物の脳神経系の働きと同じことをしようとしたのであろう。植物は意識をもっていないかのように見えるが、感覚毛で虫やプランクトンを捕る食虫植物が登場するところをみれば、植物にも一種の意識があると言わねばならない。

食虫植物が虫やプランクトンを捕えてそれを消化吸収する機能や器官を備えているのも、動物の胃や腸の働きと同じである。食虫植物は虫やプランクトンの主にタンパク質を分解しているが、それは、動物の胃から出るペプシンに似た酵素によってである。また、それを完全に分解するためにバクテリアの力を借りたりしている点も、動物に似ている。

食虫植物は、栄養の少ないところで生きていこうとしたために虫をも捕まえて生きようとしたのだが、そのために葉を様々な形に変容させている。ハエトリソウの口も、モウセンゴケの粘液を出す部分も、すべて葉の変形である。ウツボカズラやタヌキモの捕虫袋も、葉を変形させたものである。食虫植物は、厳しい環境で生きていくために、葉を作り変えて捕虫器にし、虫を分解する消化器まで作ったことになる。一般に、植物の葉は、機能に応じて自由にその形や組織を変形し、違った働きをする器官を作っていく。

環境を選択し行動を選択するための活動能力を心と定義するなら、心の働きは植物にもある。植物も、環境を認識し、それに対して最も適した行動と形態を選択する能力、つまり意識作用、心をもっていることになる。意識あるいは心といわれる生命の働きは、動物も植物も原生生物もすべて共有している。植物も積極的に環境を選択し、選んだ環境のもとで様々な工夫をして生きていこうとする。そういう意志を植物ももっていると言わねばならない。

ベルクソンも、『創造的進化』の中で、植物と動物とを区別する決定的な形質差はどこにも存在しないと言っている。植物も動物も、葉緑体をもつミドリムシに見られるように、両者の傾向をひとつに統合していた共通の始祖から生まれ出た子孫である。両形質は、進化とともに分岐し、植物は不動性、動物は可動性に向かっていったが、それでもなお、植物界においても動物界においても、両形質は異なった割合で共存している。そのうち、植物はまわりの物質を同化して自分で栄養摂取ができるから、動物のように運動や移動をする必要性がなく、そのため意識は眠り込み、感覚は失われた。しかし、植物も、その始原においては、同じ生命活動の衝動を受けている。だから、植物においても、食虫植物のように、動物のもつような意識や運動能力が目覚めることがあると、ベルクソンは言う。

生命は、たとえ環境が厳しくても、それを克服して生きていこうとする力をもっている。苦難に対して挑戦し、厳しい環境でも様々な工夫をしてサバイバルしていこうとする意志、生きんとする意志をもっている。生命は、必ずしも外的環境や条件にのみ決定されてはいない。むしろ、生命内部に宿る意志に駆り立てられているのである。

飛翔

海から陸に上がってきた最初の動物は、昆虫の祖先の節足動物であっただろう。この節足動物は、さらに、陸上を這《は》いまわる生活から、翅《はね》をもち空中を飛ぶ昆虫にまで進化していった。今から三億五〇〇〇万年前のことである。昆虫も、はじめは、カゲロウのように翅を畳むことも、前後に動かすこともできなかった。そこから、トンボのように、四枚の翅を使って自由に飛ぶ昆虫が進化した。トンボは、四枚の翅を別々に動かしたり、一緒に動かしたり、角度を変えたりして、自由に飛ぶことができる。飛ぶ速さを変えることもできるし、空中に止まることもできるし、急に向きを変えることもできる。飛ぶときのエネルギー節約のため、滑空もする。

チョウやガは、トンボとは異なって、前翅と後翅を同時に動かして飛ぶが、この仲間も、飛ぶ速さを変えたり、空中で向きを変えたりすることができる。ハエの仲間は、二枚の前翅で羽ばたいて飛び回り、後翅が退化して小さくなった平均棍と呼ばれる器官で、身体の姿勢を確かめながら飛ぶ。カブト虫やテントウ虫は、前翅の下に折り畳んでいる後翅を、飛ぶときだけ開いて飛び立つ。

空中を飛ぶ小さな昆虫にとっては、空気は、身体に粘々とまとわりつく流体である。この流体の中で、昆虫は翅を複雑に動かして、身体の後ろに空気の渦をつくり、揚力と推力を生み出す。昆虫は、空中を飛べるようになって、陸上の敵から素早く逃げ、広い範囲を移動して餌を捕えることができるようになった。昆虫は、このようにして、地上の二次元世界から空中の三次元世界を開拓していったのである。

脊椎動物で、最初に陸上に上がってきた動物は、今日の両生類に似た動物であっただろう。爬虫類は、この両生類から進化して、さらに恐竜になっていった。この恐竜が空を飛ぶようになったのは、翼竜が登場してからである。翼竜は、三畳紀遅くに登場し、脊椎動物で最初に空を飛んだ動物になった。約一億九〇〇〇万年前のことである。翼竜は翼《つばさ》をもつ。その翼は、腕とその先から伸びる驚くほど長い第四肢で支えられ、皮膚の変化した皮膜でできている。翼竜は、アホウドリのように風に向かって翼を広げ、地面を蹴って飛び立ったと考えられている。そして、ハゲワシのように上昇気流に乗って空中に浮揚し、滑空、海面近くを泳ぐ獲物を見つけ、グンカンドリのように急降下して、これを捕らえていたと思われる。

だが、今日の鳥類は、この翼竜から進化してきたのではない。鳥類の祖先は、羽毛《うもう》をもちやがて翼をもつようになった恐竜、獣脚類である。羽毛から翼への進化は、はじめは繁殖のためだっただろうと言われる。翼は、もと、異性を引きつけるための求愛行動のためにつくられた。翼をもった獣脚類は腕を上下に振ることはできたが、ダチョウのように、はじめは飛べなかった。

この獣脚類が羽ばたきができるようになったのは、敵から逃れるために木登りを始めたことからであろう。木に登るときも、木から降りるときも、羽ばたきは必要であった。木登りをはじめた獣脚類は、その後、樹上生活をし、木から木へと移動しているうちに、滑空できるようになったのであろう。

有名な始祖鳥には、前足にも後足にも風切り羽のある翼があり、尾っぽにも風切り羽があった。こうして進化してきた鳥類は、その後身体の軽量化をはかり、飛翔できるようになっていったと思われる。鳥類は、一般に、外側が細く内側が広くなっている風切り羽で揚力と推力を同時に発生させ、身体を空中に浮かべて前進する。そして、尾羽を舵のように使って、バランスをとる。

もっとも、ハゲワシやコンドル、タカやトンビなど猛禽類は、エネルギー節約のために、加熱されて膨張した上昇気流に乗って、羽ばたかずに滑翔する。アホウドリやカモメなども同じことをする。渡り鳥も、翼を長くし、風向きが望みの方向に変わるのを待ち、気流や追い風を利用して滑翔し、長距離を飛ぶ。

また、時速四百キロメートル以上も出せるハヤブサは、身体を流線型にして弾丸のように急降下、目にも止まらぬ速さで獲物を捕まえる。ハヤブサは、急降下ばかりでなく、急上昇、水平飛行、滑空など、思いのままにこなし、どの方向へも自由に飛び、獲物を追い詰める。

また、ハチドリは、横八の字を描くように激しく翼を振り、前進と後退、上昇と下降を相殺し、ホバリング（停空飛翔）をして、花の蜜を吸う。ホバリングをしながら獲物を狙う鳥には、カワセミなどもいる。

鳥類は、前肢を翼に変形し、骨を中空にして軽くし、これを肺に連絡させることによって空気の出し入れを容易にし、空気の薄い上空でも飛行できるようにした。また、効率よく多量の酸素を供給するために、気嚢（空気袋）をもち、常に肺へ新鮮な空気を送り続ける。骨ばかりでなく、嘴《くちばし》も軽くし、歯や顎を取り去り、羽ばたくための筋力を強化し、飛行能力を高めた。かくて、鳥類は、空中を飛ぶことによって、いつでもどこへでも早く移動でき、襲ってくる敵から素早く逃れ、目的の方角をすぐに確認し、広い視野から食べ物を探すことができるようになったのである。

哺乳類でも、コウモリなど空中を飛ぶ種類が登場する。コウモリは、木の上に棲んでいた夜行性の哺乳類で、ローラシア獣類に属する翼種目というくくりに入る動物の総称である。

コウモリは、前足の親指以外の指を長く伸ばし、そこに、前足、後足、肩、尾にかけて皮膜を張り、これを翼とし、自由に翼の形を変化させて飛翔する。急な方向転換も、急ブレーキも、ホバリングもできる。実際、ホバリングしたまま花の蜜を吸うコウモリもいる。哺乳類の仲間で鳥類に並ぶ飛翔能力を獲得した種類は、コウモリだけである。

コウモリは、昼間は洞窟や木の穴などに隠れ、三段式の折り畳み傘のように翼を畳んで、逆さまにぶら下がっている。ぶら下がったまま、子育てもする。コウモリは、なぜ逆さまにぶら下がっているのだろうか。飛ぶために体重を軽くする必要があり、後足の大腿骨と筋肉を退化させてしまったために、ぶら下がるしかなくなったのであろう。コウモリは目も退化させてしまっている。しかし、よく知られているように、超音波によるエコロケーションによって、暗がりでも、飛んでいる昆虫を捕らえることができる。

他方、ムササビは、哺乳類の中で、滑空という飛行方法を選んだ種類である。コウモリと同じ夜行性のムササビは、リスの仲間で、肉食動物から逃げて、枝から枝へ飛び移って、木の葉や木の実などを食べているうちに、滑空できるようになったと考えられる。ムササビは、前足と後足の間にある皮膜を広げて、空飛ぶ座布団のように、木から木へと滑空する。ムササビは、空中に身体を蹴りだした瞬間、四肢に張られた皮膜を広げ、揚力を獲得して滑空し、目標の木の幹の下の方に飛びつく。急カーブを描いて木と木の間をすり抜けることも、ユーターンもできる。長い尻尾は、バランスをとったり、方向転換に使う。ムササビより小さいが、モモンガも滑空する哺乳類の仲間である。

他方、同じ哺乳類だが、霊長類、皮翼目に属するヒヨケザルは、首、前足、後足、尾の先まで全部皮膜で覆われている。そして、尾で扇ぎながら推進力をつくり、木から木へと滑空する。東南アジアの熱帯雨林に棲んでいる霊長類である。

滑空する動物なら、爬虫類や両生類にもいる。トビトカゲ、トビヘビ、トビヤモリ、トビガエルなどである。熱帯雨林では利用可能な餌は分散しているため、これを効率的に利用するには、滑空という移動方式が、エネルギーを節約するうえで好都合である。そのため、インドや東南アジアに棲んでいるトビトカゲやトビヘビは、木の枝から勢いよく飛び出して降下し、速度がついてくると滑空飛行に入り、次の木に移る。トビトカゲは、顔のまわりの皮膚や肋骨の皮膚を広げて、風を受けて滑空する。トビヘビも、肋骨を広げ、筒形の身体を平らにして、身体全体を一つの翼のようにして滑空する。中央アメリカやオーストラリアなどの森林にいるトビガエルも、前足と後足にある水掻きを広げて、木の枝から枝へと滑空する。

魚類でも、トビウオが海面を滑空することはよく知られている。トビウオには、二枚の胸鰭《むなびれ》を羽のように改良したものと、腹鰭も羽のように改良し、計四枚の羽をもったものと二種類いる。そのうち、四枚羽のトビウオは、水面上に頭が出た瞬間、胸鰭を広げ、尾鰭を激しく振って海面を扇ぎ、空中へ飛び出して滑空する。大きな魚やイルカなどの外敵から逃れるためであろう。

それどころか、トビイカやアカイカなど、小型の軟体動物も滑空する。その飛び方は、トビウオなどとは違って、ジェット機方式で、漏斗から海水を後ろへ吐き出し、その反動を利用して水中から飛び出す。空中でも海水を吐き出し加速し、襞《ひだ》と腕を広げて揚力をつくり、空中を飛ぶ。明らかに避難行動のためである。

そもそも、なぜ動物たちは滑空するのか。様々な系統の動物に滑空という移動様式が見られ、どの系統でも独立に進化しているのは、それが動物にとって有利だからである。何より敵から身を守り、逃げるのに便利だからであろう。

空を飛ぶということは、それほど容易なことではない。にもかかわらず、空を飛ぶ動物は、節足動物、翼竜、鳥類、哺乳類、爬虫類、両生類、魚類、軟体動物、あらゆる種類に及ぶ。飛び方も、羽ばたき、滑空、滑翔、ジェット方式、道具も、翅、翼、皮膜、鰭など、様々である。

人間も、二十世紀以来、技術によって、飛ぶ動物の仲間に入った。鳥のような飛行機を発明し、トビイカのようにジェットエンジンを作り、タカのようにグライダーで滑空し、ハチドリのようにヘリコプターでホバリングし、ムササビのようにハンググライダーで滑空する。技術によって飛ぶ動物に加わった人間も、一種の進化といえるだろう。しかも、動物も人間も、目標とする機能とまわりの環境がよく似ているために、それらの形態は相似てきて収斂《しゅうれん》していく。

それどころか、人間は、ロケット推進技術によって、他の動物ができなかった大気圏外や重力圏外にまで進出した最初の動物になった。人間は、技術によって環境の制約を乗り越える。技術も、生命の創造的働きなのであろう。

重力場にあるかぎり、ものは地上に落下する宿命にある。ところが、動物は、この宿命から逃れ、空を飛ぶために様々な工夫をし、揚力や推力をつくりだし、努力してきた。重力に抗して、あるいは重力をも利用し、飛翔し、滑空してきた。節足動物から哺乳類まで、動物たちは、飛ぶために身体能力や形態を改良し、環境の制約を乗り越えてきたのである。楽をすることを考えるなら、空を飛ぶよりも、地上を這う方が楽である。地上を這うよりも、水中を泳ぐ方が楽である。水中では、容易に浮力を得ることができるからである。ところが、動物は、水中から陸上に上がり、さらに空中に飛び立とうとした。

確かに、空を飛ぶことができれば、地上を歩くよりも速く移動でき、餌の在処を逸早く見つけることができる。敵に追われても、飛び立てば、すぐに逃げることができる。動物の一部は、生き抜くために、飛ぶという進化の方向を選んだ。飛びさえすれば、世界は開かれる。生き物は、必ずしも、自然環境によってのみ選択されているのではない。逆に、生物主体の方から自然環境を選択しているのである。生物は、そのために、形態や機能、構造さえ変えていく。

動物は、陸上へ進出した後、さらに空中へと進出していったのだが、それが、ほとんどあらゆる種に共通して出てくるところを見れば、まるで、動物には飛翔しようとする意志があるかのようである。生命は自然の一部であって、自然の法則に従わねばならない。しかし、生命は自然法則に抵抗する。そこに生命の自由がある。生命は、環境に単に適応するのではなく、環境を乗り越える自己創出系なのである。生命は創造であり、環境に対して能動的に働きかける。生命には、未知なものに挑戦しようとする意志があるのだと言わねばならない。生命は努力であり、その努力が進化をもたらす。生命は向上しようとする意志である。

螺旋と渦

モジズリの螺旋《らせん》の先の銀河かな

六月頃になると、日当たりのよい草地や公園の芝生の間に、モジズリ（ネジバナ）が伸びてきて、可憐なピンクの花をたくさん咲かせる。その花は、十～四十センチメートルほどの茎のまわりに螺旋状に並んで咲く。右巻きの螺旋もあれば、左巻きの螺旋もある。モジズリは、小さいながら蘭の仲間で、蘭菌に寄生して成長する。

一般に、植物の葉には、茎の下から上へ螺旋状につけるものが多い。光合成をより効率的に行なうために、葉が重なって下葉が日差しの陰になるのを防ぐためである。そのため、葉は、それぞれ、すぐ下の葉とおおむね一定の角度だけずれたところについている。その角度は、多くは一三七・五度に近いという。モジズリは、この螺旋状の葉序をもった葉が変形して萼《がく》になり、花になったものであろう。

植物の成長過程には、多くの螺旋形が見られる。植物の芽も、その先端は、螺旋状の軌跡を描いて垂直方向に伸びていく。そして、茎に沿って螺旋状に葉をつけ、花を咲かせる。朝顔の蔓や巻きヒゲも、螺旋を描いて巻き付く。螺旋は、生命と成長の象徴である。

自然科学者でもあったゲーテも、「植物の螺旋的傾向」という論文の中で、螺旋を植物の生命の象徴とみている。螺旋的傾向は全植物体を貫通している。植物のこの傾向は、種子の発芽から始まり、シダ植物の展開、昼顔の蔓、白樺の幹、螺旋導管などとなって現われる。螺旋は、植物の成長の典型的な形なのである。ゲーテによれば、植物は垂直構造と螺旋構造の二つの有機構造をもち、一方は男性的で、他方は女性的で、両者が絡まるところに植物の生命の原理があるという。

この螺旋的傾向は動物にも見られる。例えば、単細胞の水生の有機体、滴虫類も螺旋状をしており、アンモナイトや巻貝も螺旋状をしている。アンモナイトや巻貝の螺旋は成長の記録でもある。なかでも、オウムガイは見事な対数螺旋を描き、いくつもの部屋を区切っていて、古来、人々の驚嘆の的になっていた。オタマジャクシの腸から人間の腸まで、動物の内臓の管にも螺旋を描くものが多い。マンモスの牙によく現われているように、歯も螺旋状に伸びる傾向にある。鼠や野兎の門歯も、螺旋状に伸びる傾向を示す。羊や山羊の角も螺旋状に伸びる。カナリアの爪や切らずに伸ばした人間の爪も螺旋を描く。人間の内耳の蝸牛管も、その名の通りカタツムリの殻のような螺旋状をしている。われわれの頭の毛の生え方にも、右巻きや左巻きの旋毛《つむじ》があるように、螺旋状である。手のひらや足の裏などに見られる皮膚の細い隆起の流れにも螺旋が見られ、指紋にもなっている。

ゲーテを崇拝していた解剖学者の三木成夫《しげお》は、左右相称の体制をもった脊椎動物にも多くの左右不相称があることを指摘し、内臓が螺旋状にとぐろを巻いている例をあげている。人間をはじめ脊椎動物の内臓の配置は必ずしも左右相称ではなく、腸管、精管などは螺旋形をしている。心臓の管も、左右に捩《ねじ》れながら成長していく。脊椎動物の内臓は、植物が螺旋を巻くように成長すると言う。

植物や動物の螺旋的傾向は、成長促進効果と抑制効果の交差、成長速度の差異から生まれる。螺旋は、旋回しながら発展する命の象徴なのである。

だから、植物や動物の源泉である微生物やウイルスにも螺旋形が見られる。数珠のように丸い細胞がつながっている多細胞生物、ネンジュモも螺旋を描いている。ウイルスのT４ファージの胴体部分も、螺旋状に巻き付いた粒子で出来ている。タバコモザイクウイルスは、一種類のタンパク質が多数集まって出来ているウイルスだが、そのタンパク質は螺旋状に並び、そこにＲＮＡが螺旋状に結合している。遺伝子のＲＮＡやＤＮＡが螺旋構造をしているという発見は、この棒状のタバコモザイクウイルスのＸ線回折写真からの示唆による。ＲＮＡは、一本の長い鎖が螺旋状に伸びた核酸で、ＤＮＡ情報の転写や運搬など多くの働きをする。ＤＮＡは、二本の長い鎖が螺旋状に絡み合って、四つの核酸塩基の対を順よく配置し、生命の形を記憶している。

物質世界にも、螺旋は現われる。例えば、化学反応でよく知られたベロウソフ＝ジャボチンスキー反応（BZ反応）でも、様々な反応から縞模様や反転模様などが現われ、その形は刻々と変わっていく。その中でも、美しい螺旋模様が現われることがある。BZ反応は、臭素酸塩と有機化合物のマロン酸の混合物による反応で、この反応＝拡散現象から自発的に様々なパターンが現われる。そのパターンは、化学反応の活性因子と抑制因子の相対的な拡散速度の競合と振動から起きてくる。螺旋波もその一つである。

さらに、超ミクロの素粒子の世界でも、電子や陽子や中間子が衝突したり相互作用したときに、螺旋状の旋回をすることが知られている。プラスの電荷をもった陽電子は、この回転運動によってエネルギーを消費し、マイナスの電荷の電子になる。

目をマクロの宇宙に転じても、銀河に渦巻銀河があることはよく知られている。この宇宙には数千億の銀河が存在し、常に活動している。その多くは棒状銀河や渦状銀河である。棒状銀河の腕が銀河中心に向かって巻き込まれていくと、渦状銀河になる。渦状銀河は、中心部に存在する核と、その周囲に薄く円盤状に広がる腕から成り、腕は、中心部から外側に向かって螺旋を描くように伸びている。われわれが住んでいる太陽系も、渦巻銀河の一つ天の川銀河の端にある。渦巻銀河は、地球の川の流れにできる渦や、生命の成長のプロセスでしばしば現われる螺旋構造に似ている。

円盤構造をしている銀河の外側は、内側より遅れて回転していると言われている。渦状銀河の外側部分は、常に内側部分よりも速度が遅れ、車の渋滞のように引きずられながら回転している。

これが銀河の腕なのである。銀河の特に外側の腕の部分では、新しい星々が生まれ、死し、再生している。渦状銀河の腕は、いわば池に生じた小波《さざなみ》のようなもので、星間物質の間を伝わる密度によって構成されている。密度が高まると、新たな星が形成される。銀河は生きているのである。宇宙、物質、生命、どの世界でも、共通して螺旋や渦をつくる傾向にある。

螺旋は、旋回するにつれて中心から周辺に向かって無限に開かれる曲線である。螺旋には、アルキメデス螺旋、放物螺旋、双曲螺旋、対数螺旋など幾種類かあるが、どれも、数学的に記述することができる。葉序の一三七・五度の角度も、フィボナッチ数列の隣り合う数の比、φ（黄金比、一・六一八……）から出てくるという。生命は、人間が黄金比を発見する前から、黄金比を知っていたことになる。

螺旋や渦は、濃淡、軽重、上昇と下降、高温と低温、促進と抑制、高速と低速、粘着性と流動性など、質的に異なったもの同士が接触するとき、その接触面で両者が互いに他を巻き込もうとすることから生まれてくる。螺旋や渦は、生命のダイナミズムの象徴であり、宇宙の根源的産出力の象徴なのである。

螺旋や渦を時間軸に広げれば、波動やリズムになっていく。波動やリズムは周期（サイクル）をもつ。太陽の黒点周期、地球や月などの自転周期や公転周期、地磁気や地殻変動、気象変動、心臓の拍動、呼吸、脳波など、どれも山と谷を反復する波形をとる。ここでも、相対立する二つの傾向が競合し脈動するとき、波動やリズムとなって現われるのである。波動やリズムは、宇宙、物質、生命物質、生命の自己形成の時間的パターンなのである。

同じ様な形を、宇宙も、物質も、生命も形成してきたとすれば、宇宙、物質、生命は連続していると言わねばならない。この宇宙は、銀河、星、惑星、原子、分子、結晶、有機体と、マクロ進化とミクロ進化を繰り返しながら、階層化し、秩序化してきた。この宇宙は、混沌から秩序へ、形をつくってきたのである。混沌の中にこそ秩序は含まれる。混沌は、秩序が自発的に生まれてくる源泉なのである。形は、不分明なものから現われ出る。数学的な法則に基づいて規則的形を反復する物質の結晶は、秩序化の極であろう。植物も、六角形や五角形をした花をつくり、動物も、ハチの巣の六角形など、同じ形を繰り返す幾何学的な秩序をつくりだす。

宇宙は、銀河、星、惑星と、相転移によって進化してきた。物質も、気体、液体、固体へと、相転移によって秩序を形成してきた。生命も、原核生物から真核生物、単細胞生物から多細胞生物へと相転移によって複雑化してきた。自然は形とパターンを形成してきたのである。宇宙、物質、生命と、自然は形を生み出す機構である。自然は、単なる混沌状態にとどまらず、無限に多様な形を生み出す過程として存在する。形は、物質の様々な状態の表現なのである。しかも、秩序性の増大は対称性の増大でもある。

しかし、形あるものは滅ぶ。このとき、規則性は乱れ、対称性は崩れる。対称性は、完成であると同時に終局でもあるから、形は、流動的である限り、対称性を減少させていく。秩序は混沌に帰るのである。形は形なきものから生まれ、形なきものへと滅んでいく。

だから、形は瞬間ごとに変化し、一時的である。形は、ある一定の形にとどまるということはない。形は保存されない。形は、混沌と秩序の狭間で変動してやまない。秩序の方向に行き過ぎると、結晶に見られるように、正四面体や立方体などのような定形になり、混沌の方向に行き過ぎると、気体や塵、プラズマなど、無定形になる。螺旋や渦は、ちょうどその中間域のところに生じる。

自然は、混沌と秩序の境界において、対称性から非対称性、規則性から不規則性まで多様な形を生成してくる。秩序から混沌へ、混沌から秩序へ、秩序の中に混沌があり、混沌の中に秩序があり、混沌と秩序のせめぎ合いから、自然は、多様な形と美を創造してきたのである。

3　時間と空間

モグラとデカルト

春先や秋の深まった頃、畑や畦道にこんもりとした土の山ができていることがある。モグラ塚である。これを掘ってみると、突然土の穴が口を開け、その下は地上に平行なトンネルが続く。モグラは、トンネルの所々に時々竪穴をつくって、余った土を持ち上げる。それがモグラ塚である。この真無盲腸目に属する哺乳類は、地下の巣を中心にして、長い時間をかけてトンネルを掘る。そして、これを四方に広げる。そのトンネルは、日頃よく使う主道と餌捕り用につくられた側道でできている。トンネルの中には、休憩室、トイレ、塒《ねぐら》、産室、ミミズの貯蔵庫、水飲み場など、いろいろな部屋が設けられている。モグラは、これを毎日パトロールする。

トンネルを掘ることは大変な力仕事である。だから、モグラの身体は、全身が円筒形になっている。首もなく、鼻先が尖っていて、隅々までトンネル掘りに適するようにできている。モグラは、鼻面で土を掘り出し、頑丈な爪のついたシャベルのような手で土を掻きのけながら、トンネルを掘っていく。

モグラの餌は主にミミズだが、コガネムシ、ムカデ、ナメクジ、カタツムリ、カブト虫の幼虫、ケラ、クモ、カエルなど、何でも食う。大食漢である。土掘りには大きなエネルギーが必要だからである。食べるために掘り、掘るために食べるというのが、日頃の生活である。

モグラの目は、ほとんど退化してしまって見えない。しかし、モグラは、発達した触毛で、土の具合や振動を敏感に感知する。鼻先に生えている髭《ひげ》や体中に生えている毛はすぐれたセンサーであり、この触覚を頼りに自由に動き回る。モグラは、触覚で、障害物や餌、土の硬さや湿り気などを知る。土の温度の変化も感じることができるから、季節の変化も分かる。モグラは、鋭敏な接触感覚によって自分の位置も確かめ、トンネル内を動き回っているのである。

モグラの嗅覚も鋭く、鼻先を動かして餌探しをする。聴覚もすぐれ、土や空気の振動を感知する。これらすぐれた触覚や嗅覚や聴覚など身体感覚によって、モグラは、土や餌の肌理《きめ》、粘り、形、大きさ、柔らかさ、圧力、滑らかさなどを直接感じる。

この場合、物を感知するためには、モグラが積極的に運動しているということが重要である。動かずにただ土の壁と接触しているだけでは、対象の認知度は弱くなる。触毛で触《さわ》る、手で探る、突く、押す、爪でひっかく、擦《こす》る、このような身体器官の行為や運動によって、モグラは、視覚がなくても対象の特性を検知できるのである。手や全身に生えている触毛は能動的な知覚器官なのである。モグラは、触《さわ》ることで触られている物を知る。接触することによって、接触する対象の多様な事実を感知する。

このとき、モグラは、運動することによって対象を知覚すると同時に、自分自身の身体状況や運動状況をも知覚していることに注目しておかねばならない。それは、視覚障害者が、真っ暗な中でも、杖の音の反響や肌で感じる空気の流れの変化などで、廊下の曲がり具合などを感知し、歩いていくことができるのに似ている。このとき、視覚障害者は、歩いている自分自身をも知覚している。能動的で探索的な接触があれば、目が見えなくても物や自己を認識できるのである。

知覚は、単なる受動ではなく能動である。モグラも、運動感覚を含む触覚によって自分の位置を正確に把握し、物を見る。身体は、触《ふ》れることによって、触れられていることを感知する。働きかけることによって、働きかけられていることを知る。知覚は行為であり、行為を通して自己自身も知覚される。そこに、存在実感がある。

モグラが頭の方向を前、尻尾の方向を後ろと認識するのも、トンネルの中で前に進むことによってである。上下の感覚も、土を地上に盛り上げるという行動によって認識している。定位は移動と切り離すことができない。動物は、身体運動によって外界を知覚しているのである。

奥行や距離の知覚にも、原初的な移動経験が必要である。モグラも、巣から餌場へ、餌場から貯蔵庫へ、貯蔵庫から育児部屋へと移動することによって、それらの位置と、それらを結ぶトンネルの距離を測っている。奥行や距離の知覚も、能動的・行為的な経験なのである。身体を運ぶこと、移動するという身体行為なくして、奥行や距離の知覚は生まれない。

動物は、それぞれが住む環境を、身体を通して移動することによって、そこを自分の空間として認識する。縄張りも、動物が見回ることのできる行動範囲によって形成される。動物は、むしろ、行動することによって空間を生み出しているというべきだろう。渦中の行動が空間を紡ぎだす。だから、その空間には粗密がある。モグラにとっても、育児部屋の空間は濃密で、通りすぎるトンネルの空間は粗である。苦労して土を運んだトンネルは長く感じ、急いで通りすぎたトンネルは短く感じる。距離も長く感じたり、短く感じたりする主観的距離なのである。

しかし、そのような空間の生成には、経験の想起が必要である。モグラが、巣からトンネルを通って餌場に移動し、それまで滞在していた巣を思い出すとき、巣と餌場との距離が認識される。モグラも、スポットごとに臭い付けをし、これを道しるべにして記憶している。そのようにして、トンネルの中の貯蔵庫や産室、休憩所やトイレなどへ行く道順をよく覚えている。それは、身体行動による記憶である。動物が会得している自分なりの認知地図は経験と学習の成果であり、そこには記憶と想起がなければならない。

その意味では、空間の知覚には時間が必要である。モグラが移動するとともに、今まで触《ふ》れられていなかったものが触れられ、触れられていたものが触れられなくなる。そこに時間が知覚される。と同時に、空間が知覚される。空間的移動と時間的変化は連続している。時間的なもの、つまり刻々と移りゆくものが、空間的なもの、つまり並存するものを可能にしている。空間的共存は時間的継起なのである。

空間を離れて時間はなく、時間を離れて空間はない。空間と時間は、運動から生成してくるのである。われわれが内部から触れている〈いま・ここ〉の出来事から、時間と空間は生成してくる。時間と空間の中に出来事があるのではなく、出来事から時空が生まれ出てくるのである。時空は経験から生まれるのであって、その逆ではない。

動物が住んでいる空間は、生きられる空間であり環境である。それは、生きる主体が自分自身の環境として選択した主体的環境である。しかも、動物は、手足などの運動器官を使って外部の環境に働きかけ、環境そのものをつくり変える。生きているものは、単なる物理的な空間の中に生きているのではなく、むしろ空間をつくって生きている。モグラも、単に土中の環境に適合しているだけでなく、幅広い手で土を掘りトンネル網をつくり、自分なりの環境を創造しているのである。

われわれは、世界の外にいて世界を認識しているのではなく、世界の中に自己自身を投入して世界を認識している。さらに、世界の中で行為しながら世界を創造している。われわれは、行為しつつ知覚し、知覚しつつ行為している。行為する身体を通して、空間を認識し、空間を形成している。われわれも、モグラも、デカルトの言うような客観的な幾何学的空間に住んでいるのではないのである。

デカルトは、外界の空間を、物質で満たされた拡がり（延長）としてとらえた。延長のみが物質の本質である。そう考えることによって、形をもち分割しうる物体、そして運動する物体を、長さと広さと深さをもつ三次元空間に位置づけえた。それは、無限に連続的に拡がっている等質な空間であった。このことによって、デカルトは、空間と物体を数学的・幾何学的に把握することができたのである。客観的で不動の空間の中を物体が運動しているという近代自然科学の説明は、このことで可能になった。

しかし、われわれは、そのような純粋空間に住んでいるのではない。実際にわれわれが住んでいる空間は、それぞれ固有の質を備えている。モグラが進む方向も、たとえば餌場に向かう方向は、すでに餌に色付けられている空間である。それは、生きられる空間であり、幾何学的空間ではない。

デカルトの空間は、純粋思考でとらえられた空間、抽象化された空間である。だから、その空間は、客観的な座標軸で記述されることになる。そして、この動かない外的な座標軸の上に物や出来事が位置づけられる。しかし、動物は、デカルトの言うような客観的な座標軸を立てて、その上に自己の位置を確認しながら行動しているのではない。動物は、東西南北をしっかり確認して動いているわけでもなく、GPSで自己の位置を確かめて動いているのでもない。

動物は、環境の中を行為しながら体験し、体験しながら環境を知る。その空間は、運動する身体によって方向づけられ、場所的にも均質ではない。だから、すべての動物に客観的に妥当する等質な空間は存在しない。動物は、身体運動を通して、主体的で異質な空間を各自生きているのである。

デカルトの空間は、無限に拡がる静止した空間であり、物体の運動はその上に置かれる。だから、運動は、位置の変化、あるいは移動と定義される。運動は不動からとらえられるのである。そうすれば、物体の運動は最終的には数学的に記述でき、運動法則を打ち立てることができる。

しかし、そのように運動を外から眺めてはならない。たとえ眺めえたとしても、運動そのものをつかんだことにはならない。運動を不動化してはならない。むしろ、運動そのものから空間が生み出されてくると考えねばならない。モグラは、何よりもまず、手で土を掻き分けトンネルを掘るという運動から、自分が住む空間を形成していく。われわれ人間も、手足を動かし、運動することから空間を獲得していく。必ずしも、位置の移動が運動ではないのである。むしろ、運動そのものから位置の変化が生じ、空間が生まれてくるのである。空間以前に運動がなければならない。空間認識は、運動と行為によって成り立つのであって、その逆ではない。

静止した三次元座標空間上を物が運動しているという自然科学の記述は、逆に、具体的な運動から抽象化されて出てきたものにすぎない。ニュートンの絶対空間もデカルトを引き継ぎ、無限の静止した空間から運動を解くことに変わりはない。しかし、われわれは、デカルトやニュートンの言うような客観的な空間上を、時空の枠に縛られながら運動しているのではないのである。

デカルトは、疑ってもなお疑いえない確実な存在として〈考えるわれ〉を確立し、これを存在の根拠と考えた。疑う限りわれはある、疑っているわれは疑いえない。かくて、疑うにも疑いえない真理として、「われ思う、ゆえにわれ在り」という命題を打ち立てた。デカルトは、〈考えるわれ〉を対象から切り離し、これを自己と理解したのである。だから、デカルトの言う自己は、物体からも引き離され、もはや身体も備えていない純粋思考的実体である。そのため、〈考えるわれ〉の外に存在する延長的実体としての物体を、もう一つの実体として取り出さねばならなくなった。デカルトにとっての外界が単なる延長としての物体にすぎないものとなったのは、純粋意識の領域を外界から引き離して取り出したことによってなのである。

デカルトにおいては、自己同一性を保つ客体としての物と、主体としての自我という二つの実体が切断されてしまった。主観と客観を分離することから、客観的な物体は成立し、世界は客観化され、主観は世界の外に立つことになったのである。デカルトの自己は、世界の外に立って世界を見ている。

しかし、われわれは、世界の中にあって世界を認識している。世界の観察者は、世界の外ではなく、世界の中にいる。単なるデカルト的主観よりももっと古い原初的な主体は、身体と結びついた世界内主体である。しかも、この世界内主体は世界の中で行為する。われわれは、世界の中で行為しつつ世界を認識する世界内行為者なのである。だから、私が在るのは、考えるがゆえにではなく、行為するがゆえである。目を退化させたモグラも、掘りながら土を知り、己を知る。モグラは、デカルトに対して言うだろう。「われ掘る、ゆえにわれ在り」と。

動物の時間感覚

前へ進んでいる電車の窓から外を眺めると、外の風景が次々と後ろの方へ飛び去っていく。今見た風景はすぐに消え、次にやってくる風景が迫ってくる。見えていたものが見えなくなり、見えていなかったものが見えてくる。次々と現われては消えていく出来事、そこから、われわれは時間を感じる。観測者自身の運動と対象の変化が、時間の知覚にとっては最も基本的である。時間の知覚には、原初的な移動経験が必要なのである。

モグラも、自分で掘ったトンネルの中を移動すると、今までいた育児室が感じられなくなり、ミミズの貯蔵庫が感じられる。しかし、それもやがて触れられなくなり、トイレに向かうことになる。このとき、モグラも時間を感じる。

身体は、何より運動する身体である。この身体の運動性から知覚は生じる。物を感知するためには、知覚主体が運動しているということが重要である。運動する主体は、自分自身の移動の情報と環境の変化の情報を同時に得ることによって、物を知覚している。

時間の認識にも運動が必要である。われわれは、運動する身体を通して時間を認識する。時間があって運動があるのではなく、運動すること、そのことから時間が生成してくるのである。事物が時間上を移動することが運動なのではなく、逆に、運動そのものから時間が生み出されてくると考えねばならない。なるほど、音楽を聴いているときのように、われわれは運動しなくても時間の経過を認識できるが、この場合でも、われわれはメロディーの動きを身体運動に比してなぞっている。なぞるためには、先に運動経験がなければならない。

モグラも、何よりもまず、手で土を掻き分けトンネルを掘るという運動から、自らが生きる時間を形成していく。身体の移動に連動して刻々と変化する外界から、モグラも、時間を認識しているのである。観測者の移動に伴って生じる出現と消滅、そこから時間は生まれてくる。時間以前に運動がなければならない。運動そのものは、まだ空間化も時間化もされていないそれ以前の未分化なものなのである。

したがって、速度は時間に優先する。速度から距離や時間が出てくるのであって、その逆ではない。子供も、運動や速度の方を先に認識する。発達心理学者のピアジェは、幼児の場合、最初は、時間も空間も未分化な運動の感覚から、まず空間や距離が分化し始め、そこからようやく時間が分化していく発達過程を報告している。だから、幼児は、同じ距離の坂道でも、運動に労力を要し速く登れなかった登り道は時間がかかり、距離は長かったと言う。逆に、下り道は、労力も少なく速く降りたから、時間もかからず、距離も短かったと言う。子供にとって重要なのは自己の活動性だから、幼児は、時間・空間を活動によって判断する。速度は、この活動と力の表現である。子供が速く動くものに特に興味をもつのはそのためであろう。

動物も、何より運動するものを認識する。カエルは動くものしか認識しないから、蛇や獲物の形をしたものでも、それが動かなければ、逃避や捕食といった行動には出ない。のろまなカタツムリでも、素早いハヤブサでも、自分の運動と速度感覚から、距離感覚や時間感覚を割り出しているのであろう。時間・空間の前に運動や速度がある。

時間感覚の成立には、空間感覚がなければならない。モグラがトンネルを移動するにしたがって、空間が知覚されるとともに、時間が知覚される。空間的移動と時間的変化は連動している。観察者の移動とともに、隠れていたものが現われ、現われていたものが隠れることによって、空間ばかりでなく、時間も知覚されるのである。

時間の認識には空間の認識が伴い、時空は連続している。この連続体をなす時空は、運動から生成してくる。われわれが運動する場合、前方は未来になり、後方は過去になる。また、近い将来とか遠い過去などと表現するのも、時間の表現に空間的表現が有効なことを表わしている。その背景には運動がある。

時間は、主体の行動から生じる。知覚は行為である。私が行動するとき、過ぎ去ったものと、未だ来たらざるものが出現してくる。過ぎ去ったものが来たるべきものに代わる。在るものが無くなり、無かったものが今まさに起きてくる。そこに変化がある。変化なしに時間はない。そのような移り行きを時間というのであって、そのような時間は行動から湧き出てくるのだと言わねばならない。

　モグラも、トンネル内を移動しながら、発達した触毛で土の温度の変化を感じることができる。だから、季節が変わって冬になると、地表よりもより下の方にトンネルを掘る。動物は、それぞれが住む環境を移動することによって、自分の時間を認識するのである。動物は、むしろ、行動することによって時間を生成しているというべきだろう。

　時間は過程であり、変化であり、生成である。それは、流れであり、推移であり、音楽のメロディーのような異質なものの連続である。ベルクソンは、これを純粋持続と言った。このような時間認識には、出来事の継起的系列の統覚がなければならない。時間の認識は継起の認識であり、そのためには、出来事の順序立てや前後関係の認識がなければならない。出来事は、必ず何かの出来事の後とか前に起きる。あるものの後に別のあるものが生起する。だからこそ、アリストテレスは、時間は運動の前後を表わす数だと考えたのである。

　動物も、以前と以後、出来事の継起を計算に入れて行動しており、前後関係の認識ができる。たとえば、ハワイにいるハチドリには、同じ花を短い間に繰り返し訪れないようにしているものがいる。ある花から蜜を集めるときには、蜜が溜まる約一時間ごとに、その花を訪れる。このハチドリは、どのくらい前にどの花を訪れたか、どのような順序でそれぞれの花を訪れたかを、絵巻物のように記憶しているのであろう。動物も、出来事と出来事の間隔を知覚し、出来事間の関係を認識しているのである。それがなければ、時間は成立しない。

関係の認識とは同一性と差異性の認識である。同一なものの差異性から変化が知覚され、異なったものの同一性の知覚から持続が知覚される。この同一性と差異性の認識によって、二つの出来事を区別しつつ結びつけることが可能になる。そして、出来事の継起の知覚が成立する。イヌも、空間的に分離した断続的臭い情報を系列化して、認知地図を作っている。イヌも、二点間の臭い濃度の違いを認識し、同一性と差異性の認識をしていることになる。この同一性と差異性の認識によって、出来事の非連続の連続、次にくるものと前のものとの非連続の連続、つまり時間認識が可能になる。

時間は、過去から現在へ、現在から未来へと進み、そこには前後関係があり、しかも逆戻りはできないものと、われわれは考えている。このような二度と同じ時をもたない不可逆な時間は、継起を可能にする運動と変化から生まれてくるのだと言わねばならない。

動物が住んでいる時間は生きられる時間である。動物が生きようとすることから、時間は生まれてくる。だから、その時間には粗密がある。動物の時間は運動する身体によって方向づけられ、均質ではない。動物は、身体運動を通して、主観的で異質な時間を生きているのである。各動物にとっては、時間は、速く進んだり遅く進んだりする相対的なものなのだと言わねばならない。動物はそれぞれ違った生き方をしているのだから、生き方に応じて時間感覚も異なっているはずである。

深海に棲む等脚類は、一秒間に四回しか光の点滅を認識できない。それに対して、ハエは、二百五十回、人間の四倍の速さの点滅を認識できる。それゆえ、両者の時間の流れる速さは異なっていると考えられる。ハエのように忙しく速く動く動物の時間は速く過ぎていき、深海に棲む等脚類のようにゆっくりしか動かない動物にとっては、時間はゆっくり過ぎていくのであろう。

とすれば、ほとんど動かないナマコやホヤにとっての時間は、極めて遅くしか流れていないと思われる。その他、サンゴやヤギ、コケムシやカイメンなど、流れに乗ってくる小さなものを捕えて食べる動物は、じっと餌のくるのを待っている。たいそう辛抱強い動物のように見えるが、時間はゆっくりと進んでいるから、退屈はしていないと思われる。もしも、われわれがホヤやサンゴのようになれば、忙しく時間に追われる生活から解放されるだろう。

一般に、脊椎動物から進化の流れを遡って、少ししか動かない棘皮動物などにまでいくと、身体の運動性は弱まり、その分、内的時間の進みは遅くなると思われる。そして最後に、サンゴやヤギのように動こうにも動けなくなっている腔腸動物に至ると、周期性をもつ植物的時間、地球的、宇宙的時間のみが残る。

さらに、地球や太陽系、銀河などが誕生する以前にまで戻るなら、時間は無時間の世界へ還る。宇宙の始まりにおいては、時間はなかった。時間は、無時間の世界から、宇宙の誕生という川の中の渦のような出来事とともに生み出されてきたのである。しかも、もしも宇宙に死があるとすれば、そのときもまた時間は消滅するだろう。無時間の世界から生まれ、無時間の世界へと死す過程、それは不可逆である。

このような宇宙の誕生以前、または宇宙の死以後の無時間の世界を、夢中で遊んでいる子供や創作に没入している芸術家は、しばしば経験することができる。そこには、継起としての時間もなく、過去も未来もない。時が忘却されているからである。

また、そのような無時間の世界を、われわれは眠りの中でも経験する。特に熟睡しているときには、時間はない。同様に、死の世界も無時間である。死の世界には時間も空間もなく、永遠である。生以前の世界と死後の世界は無時間であり、無継起である。

時間は、生あってはじめて生まれてくるものなのである。沈黙する無時間の世界の中から、運動と創造は時間と空間を呼び覚ます。無時間の世界から出来事が生じ、時空の広がりが生まれる。時間と空間の中に出来事があるのではなく、出来事から時空が生まれ出てくるのである。

ニュートンは、天体や物の運動を説明するために、絶対空間と絶対時間を前提した。そして、絶対時間は、絶対空間とは独立し、なにものにも影響されず、無限の過去から無限の未来まで均質に流れていくものと考えた。しかも、絶対時間においては、過去、現在、未来のどの瞬間も等価で、どの点をとっても同一のことが繰り返される。ニュートンは、そのような可逆な時間を考え、運動法則を成立させたのである。

しかし、ニュートンの言うような絶対時間などというものを認識している動物は存在しない。

ニュートンの言うような絶対時間は、具体的な運動から抽象されてきたものにすぎない。運動から時間が生成してくるのであって、その逆ではない。

カントは、このニュートンの絶対時間を主観化して、時間を、われわれが感覚的経験に先立って先験的にもっている直感形式だとした。そこにおいて、同時的存在や継起的存在の知覚も可能になる。そのような等質で自己同一な枠組みを時間だと、カントは考えた。

しかし、ニュートンもカントも、時間を世界外的観測でとらえている。確かに、客観的な時間・空間の上を物体が運動しているという近代物理学の機械論的説明は、このことで可能になった。一般に、物理学は、外的な時間・空間の枠組みを設定し、そこでの一点、〈いま・ここ〉のみを記述し、そこから運動や変化を同一なものの繰り返しとして法則化しようとする。しかし、このやり方では、不可逆な時間が説明できない。ニュートンやカントは、いわば、山の高みから自分とはまったく関係のない川の流れを見ている傍観者のような立場に立っている。しかし、これでは、川の流れそのものの中にいる生き物の時間感覚は説明できない。

われわれは、世界の中にあって世界を認識している。世界の観察者は、世界の外ではなく、世界の中にいる。しかも、世界の中で行為しながら、ものを創造している。さらに、行為する身体を通して、時間を形成している。われわれも動物も、ニュートンやカントの言うような客観的な時間には住んではいないのである。外部観測的にではなく、内部観測的に時間をとらえるなら、時間は、ニュートンやカントの言うようには均質でも等価でもなくなるであろう。

ニュートンやカントが考えた時間は、抽象化された時間である。そのため、その時間は、客観的な座標軸で記述されることになる。そして、この動かない外的な時間の座標軸の上に、物や出来事が位置づけられる。しかし、動物は、そのような客観的な座標軸を立てて、その上に自己の位置を確認しながら行動しているのではない。あえて座標軸でいうなら、動物は、自分の動く身体を中心にした自己中心的座標系で動いているというべきだろう。

時の矢

われわれは、時間を逆戻りして過去に帰り、もう一度やり直したりすることはできないということを知っている。失われた時を取り返すことはできない。時は矢のように飛んでいく。時は人を待たない。時間は、過去から現在、現在から未来へ、一方向に流れ不可逆である。

ところが、この不可逆な時間を、ニュートン力学は認めていない。

ニュートンの力学体系では、地面に落ちるリンゴのような地上の物体も、太陽の軌道を回っている惑星のような天体も、同じ運動方程式によって動いていると考えられ、三つの運動法則と万有引力の仮説によって統一的に記述された。そこでは、時間と空間は物体の運動とは関係なく存在し、その時間・空間上に運動している物体が位置づけられている。ニュートン力学では、外界の出来事に関係しない一様な絶対時間と絶対空間が前提されているのである。特に、絶対時間は、そこを動く運動体に関係なく、無限に連続的につながっている均質な時間だと考えられている。そして、物の運動は、このような時間内での空間的位置の変化だと定義されているのである。ここでは、あらゆる物体は、一定の法則によって予め決められた軌道に沿って動いているにすぎない。

したがって、ニュートン力学では、過去のどの時点に戻っても、未来のどの時点に移っても、物体の運動法則は変わらない。時間の方向を逆にしても、法則は不変である。つまり、時間には方向がなく、過去も現在も未来も同一のことが繰り返されるだけである。このような可逆な記述では、未来と過去は等価であり、区別がつかない。ニュートンの運動方程式では、時間の方向を決めることができないのである。ここでは、世界の軌跡は、法則通りに過去へ遡ることができる。われわれにとって歳を取るのか若返るのかは大きな違いなのだが、ニュートンにおいては、どちらも同じだということになる。

ニュートン力学では、過去が現在を決定し、現在が未来を決定する因果律に支配されているから、すべては、初期条件（最初の物の位置と速度）によって決定されていることになる。だから、未来も例外なく予測可能である。われわれは、未来のことは不確かだと考えているのに対して、ニュートンは、未来は予め定められていると考えているのである。

ニュートンの運動方程式は決定論的にできている。そのため、この宇宙は、最初の神の一撃によって運動し始め、それ以来、不変の運動方程式に従って、正確な時計のように運動し続けているということになる。しかし、このような時の矢が存在しない力学では、不可逆な時間をつかむことができない。

二十世紀初頭に登場してきたアインシュタインの相対性理論は、このニュートンの絶対時間と絶対空間という考えを破り、時間と空間は深く結びつき相対的なものであることを明らかにした。相対性理論では、時間と空間は密接に連結し、四次元の時空連続体を形成している。だから、時間と空間は、観測者の運動状態と相関し、その測定はすべて相対的である。したがって、異なった運動状態にある観測者が行なった時間の測定は一致しない。時間は、観測者ごとに別々の時間になる。極めて速い速度で運動している観測者の時間は遅くなる。さらに、同時性も観測者の運動状態に左右され、互いに運動している二地点で起こる出来事の同時性は確定できなくなる。

これが、等速直線運動を前提とした特殊相対性理論の結果であった。ただこれは、光の速度に近い速さで動いている物体を扱うときに成り立つものである。アインシュタインは、これを成り立たせるために、「運動しているどの観測系から見ても、光の速度は一定である」という光速度不変の法則を立てた。アインシュタインは、ニュートンの絶対時間や絶対空間の代わりに、光速度不変の法則を絶対的なものとしたのである。

相対性理論も、その法則は時間に関して対称的であり、可逆的である。この点は、ニュートン力学と変わらない。相対性理論でも、未来と過去は対等の立場にあり、区別されない。時間の方向を逆向きにしても、方程式は変わらない。ここでは、時間がどちらの方向に進んでも、未来と過去はすでに現在の中に含まれていて、すべては決定されている。時間の可逆性は決定論と結びつくが、この点でも、相対性理論は、ニュートン力学と同じ立場に立っている。相対性理論も、古典力学の考えを引き継いでいたことになる。それゆえ、相対性理論も、不可逆な時間をとらえることができなかった。

実際、アインシュタインは、「神様はサイコロ遊びをなさらない」と言って、いかなる非決定性も偶然性も認めず、過去・現在・未来の違いも単なる幻想にすぎないと考えていた。ベルクソンが、アインシュタインを批判して、相対性理論の時間は空間の一種にすぎず、真の時間（生きられる時間）ではないとしたのは、時間の不可逆性を自覚してのことであった。

一方、相対性理論の登場とだいたい時期を同じくして登場してきた量子力学は、ニュートン力学や相対性理論が前提していた決定論的世界観に風穴を開けた。

量子力学が記述するミクロの物質世界では、ハイゼンベルクの不確定性原理によって、粒子の位置と運動量は、ただ確率論的にのみ予測できるだけで、粒子の位置と運動量を同時に確定することはできない。測定のための光と粒子が相互作用してしまうからである。こうして、量子力学的世界観のもとでは、未来は確率によってのみとらえられる非決定的なものになってしまった。量子力学は、このようにして非決定論的自然の扉を開いたのだが、しかし、それでも、それは、粒子の存在や粒子の崩壊を確率的には予測できるとするものであって、そこにはなお、決定論的考えが残っている。

そのため、過去・現在・未来という三様相をもつ時間を、量子力学は記述できない。量子力学も、ニュートン力学や相対性理論同様、その法則は、時間に関して対称的であり可逆的である。ここでも、未来と過去は対等の立場にあり、時間の方向を逆転させても方程式は変わらない。量子力学も、時の矢を認めていないのである。観測行為そのものが、量子力学によって語られる現象に時の矢を導入することになる可能性はあるのだが、そのことについては、量子力学は十分煮詰めていない。

時の矢は、むしろ、熱力学で最もよく現われている。特に、熱力学第二法則（エントロピー増大に関する法則）は、時間とともに無秩序度が一方向的に増大すると主張してきた。外部とエネルギーのやりとりをしていない閉鎖系では、エントロピー（無秩序度）は常に増大し、最終的には無秩序な熱平衡に至る。熱湯は、室温と同じ温度の水になるまで、一方的に冷えていく。熱は、外から仕事を加えない以上、高温部から低温部へ流れる。エネルギーの一部が、熱として散逸してしまうためである。その過程は不可逆である。熱力学は、自然の過程の不可逆性を見ていたのである。

熱力学的現象には、過去・現在・未来の区別とその方向性がある。このような不可逆過程では、時間を逆向きにすることはできない。過去と未来を交換することもできない。壊れた壺は自然に元に戻ることはなく、われわれは歳を取り死んでいく。われわれの死は、壊れた壺のように、いわば宇宙の微塵となって朽ち果てることなのだから、熱力学的平衡に至るということである。そこに時の矢が存在することは確かである。秩序あるものは無秩序に還り、宇宙はまた混沌へと還っていく。そのようなことを、熱力学は暗示していたことになる。

他方、二十世紀後半に登場してきたプリゴジンの自己組織化理論は、熱力学を再解釈して、エネルギーが注ぎ込まれている開放系では、エントロピーそのものが、逆に、混沌から秩序を形成する原動力になることを明らかにした。熱力学が認識していた自然の不可逆性を、無秩序から秩序への源泉と考えたのである。

物質やエネルギーを外界と出し入れしている系は、それが非平衡状態にあれば、ある分岐点で自発的により高次の秩序を作り出す。温められた水がある段階で対流を起こすように、平衡から遠く離れたところでは、逆に、ある臨界点で組織だった振る舞いが出現する。何兆個という分子が協調して行動するようになるからである。

熱力学第二法則は時の矢を示していたが、これは、ただひたすら無秩序に向かうことだけを示していたのではなく、秩序への方向をも示していたことになる。不可逆性は、また、混沌から秩序を生み出しもする。

特に、系内部のゆらぎの増幅によって形成された分岐点では、系全体がどちらへゆくのか予測がつかず、決定論的記述が不可能になることがある。そこには、いくつもの選択肢が現われ、偶然が働いて、一定方向への自己組織化が起きる。相転移といわれる全体構造の一変は、このような分岐点での対称性の破れから起きてくるのである。このような現象は、化学反応や生命世界ではよく見られる。自己組織化理論は、自然の不可逆性と非決定性をとらえていたのである。だから、ここでは、時間を逆向きにすることはできない。過去と未来を交換することもできない。

こうして、自己組織化理論では、物事が時間とともにどのように変化していくかを記述しうるようになり、過去と未来を区別できる科学が成立した。そのため、自己組織化過程では、その系が過去にどのような経歴をもっていたか、その履歴を考慮しなければならなくなる。現に、プリゴジンは、このような不可逆過程を記述するためには、その系のいわば〈年齢〉に当たる〈内部時間〉を考えねばならないと考えた。

自己組織化理論は、決定論的可逆な過程から非決定論的不可逆な過程へ、自然観を大きく転換させた。自然には、一定方向に自己自身を形成する傾きがある。このような現象は、宇宙進化、物質進化、生命進化、すべてに見ることができる。宇宙も、物質も、生命も、エントロピーを外部に放出しながら内部のエントロピーを減少させていく自己組織系だったのである。

自己組織化理論と同時期に出てきたカオス理論でも、その方程式はたとえ決定論的にできていても、初期条件への鋭敏な依存性があるために、その結果は予測できない。ビリヤードの玉がどこへ行くか分からないように、初期条件のわずかな誤差が増幅されて、結果として大域的な不確定性が出現する。このことは、決定論的にできているニュートン力学下でも、三つの天体が相互作用する三体問題が解けないことにも現われている。また、多くの事象が無限に関係している気象の予測が困難なことにも見られる。一般に、多くの要素の相互作用からできている複雑な系の振る舞いは、正確には予測できない。また、その系がどのような方向をとるかは、その系が辿ってきた履歴に依存する。ここにも、非決定的で不可逆な時間、時の矢が現われている。

ニュートン力学と相対性理論は、時間は可逆的と考え、決定論の立場をとった。決定論では、不可逆な時間は出てこない。また、偶然の出来事もとらえることができない。一回きりの現象とか再現不可能な現象も記述できない。なるほど、量子力学は、わずかに自然の非決定性を加味しだしたが、それでも、確率論的には予測できるという考えであり、なお決定論の枠にあることに変わりはない。時間を可逆的なものと考えている点でも、量子力学も古典力学を引き継いでいる。

こうして、ニュートン力学でも、相対性理論でも、量子力学でも、時の矢は説明できない。自然の不可逆過程が記述できないのである。自然科学は、一般に、抽象的な外的時間・空間の枠内でその瞬間のみを記述しようとするから、過去・現在・未来の区別ができなくなるのである。われわれは、誕生し、成長し、老化し、死んでいくが、この単純なことが、可逆的決定論では解けない。誰も同じ川の水に入ることはできない。時は二度と戻ってこないということがとらえられないのである。そのようなことが起きるのは、科学が、複雑なものを単純化し、自然を抽象化し、理想化して考えるからであろう。

世界は、過去から現在、現在から未来へと、絶えず発展し成長してきた。現在は過去を背負い、未来を孕み、常に新しいものを創造してきた。そういう生きた時間、創造的時間をとらえねばならない。自己組織化理論やカオス理論は、時間を不可逆と考え、未来を非決定と考えているから、このような創造的自然を解く理論になる可能性はある。

科学は一種の信仰であって、そのパラダイムは、各理論によって今なお統一されてはいない。

特に、時間をどう考えるかで、科学は二派に分かれ、互いに衝突する。科学は、静から動をとらえ、存在から生成をとらえようとする傾向にあった。しかし、そのために、真の運動や変化、進化や創造が、十分とらえられなくなってしまった。むしろ、静は動から、存在は生成からとらえねばならないだろう。

4　先史と古代

洞窟から神殿へ

フランスの西南部・ドルドーニュ県、モンティニャック村の南東の丘に、ラスコー洞窟がある。後期旧石器時代の中頃（約二万年前）に描かれた夥しい数の洞窟壁画で有名である。一九四〇年、モンティニャック村の少年たちが穴に落ちた飼い犬を救出しようとした際に発見されたものである。また、スペイン北部、カンタブリア州の州都・サンタンデルから西へ三十キロメートルほどのところにあるアルタミラ洞窟も、後期旧石器末期の洞窟壁画でよく知られている。この洞窟の発見は十九世紀後半に遡り、この地の領主の五歳の娘の偶然の発見であった。ラスコーやアルタミラばかりでなく、後期旧石器時代の洞窟は、今では、フランスやスペインをはじめヨーロッパの各地に、多数発見されている。

五万年ほど前から始まる後期旧石器時代は、人類文化の大爆発が起きた時代であった。特に洞窟芸術は、後期旧石器中頃から見られる。そこには、野牛、ビゾン、馬、山羊、鹿、トナカイ、犀、マンモスなどの動物群、屋舎型、羽毛型、棍棒型、楯型、鳥型などの記号群などが、生き生きとした形で無数に描かれている。その描き方は、彩色画、線刻画、薄浮彫、様々である。それらは、暗い洞窟の中で石製のランプをちょっと動かしただけで、動くように見える。これは、人類最初のヴァーチャル・リアリティだったのではないか。

人間は芸術する動物である。後期旧石器時代の洞窟壁画をつぶさに眺めていると、人はなぜ絵を描くのか、人はなぜ芸術を創作するのか考えさせられる。

後期旧石器時代の洞窟壁画に描かれている動物たちの重ね描きや妊娠した馬の写実的な像を見れば、そこには、食用になる動物の増殖と捕獲への何らかの祈りが表わされていたと思われる。矢の刺さったビゾンの像や、毛皮を被《かむ》り動物の面をつけた〈呪術師〉と称される像などが描かれていることを考えれば、洞窟は祭祀場だったのであろう。これらの洞窟の近寄り難い深所は聖域で、そこに描かれている神秘的な動物像は加入儀礼に使われていたのではないかと言われている。ここでの成人儀礼に参加した少年たちは、呪術師から動物の霊力を吹き込まれ、一人前の狩人になっていったのであろう。

洞窟壁画に描かれている屋舎型記号が祖霊の住み家だという説が本当だとすれば、すでに、この時代には、死者の霊魂という観念が生まれてきていたのであろう。ドイツのシュターデル洞窟で発見され、〈ライオンマン〉と名づけられた象牙製の半人半獣像も、実物の人間をデフォルメしてライオンと一体化させた架空の存在を作っているのだから、何らかの宗教的な物語が誕生していたことを告げている。約三万二〇〇〇年前の出来事である。この時代には、人類は、創作された物語をいろいろなシンボル（象徴）によって表現する能力を備えていたと思われる。

さらに、ルロワ＝グーランが明らかにしたことだが、洞窟壁画に描かれている多くの動物像や記号によって表現された象徴群を突き詰めていくと、それらが男性原理と女性原理との対置や結合で表現されていることが分かるという。とすれば、そこには、雄と雌、男と女、陰と陽、天と地、内と外の相補性によって物事は生成してくるという世界観が語られていたことになる。後期旧石器時代の洞窟壁画は、その時代の狩猟生活を表現しているというより、その時代の世界観や霊魂観を表わしたものと解すべきであろう。

この時代、洞窟は、自分たちを庇護してくれる大地への入り口であり、そこから限りない生命は生まれ、またそこへと死していくという信仰があったと思われる。神話とか物語は、そのように、象徴と象徴の間のアナロジーをつくることによって成り立つ。後期旧石器時代には、そうい

シュターデル洞窟のライオンマン

う神話的世界が生まれていたのであろう。人類は、宗教という壮大な想像世界をつくりはじめたのである。

しかも、それが、人類の急速な発展と拡大を可能にした。洞窟での儀礼は、技術や情報の交換、交易、通婚の場でもあったであろう。そして、この交流の拡大は共同体の拡大をもたらしたと思われる。洞窟内で演じられた仮想現実の物語と儀礼が、信念体系の統一をもたらし、諸共同体の統合と経済の発展を可能にした。後期旧石器以後の急速な人類の発展は、洞窟内での物語と儀礼という虚構から出発した。仮想が現実になったのである。

後期旧石器時代の洞窟は、やがて洞窟の外から出て神殿になっていく。トルコ南東部のシャンルウルファの丘に発見されたギョベックリ・テペ遺跡は、このことを示している。この遺跡は積石で囲まれた円形の構造物であるが、これは洞窟の模倣であろう。とすれば、それは大地の子宮を意味し、何かの儀式に用いられた宗教施設だったのであろう。

この宗教施設は、一番古いものでは、今から一万二〇〇〇年前に建造されたという。さらに、予備調査では一万四〇〇〇年前から一万五〇〇〇年前に遡る遺跡もあるという。イギリスのストーンヘンジに先立つこと、一万年前ほどにもなる。今のところ、この遺跡は新石器時代草創期の遺跡ということになっているが、これは、むしろ、亜旧石器時代から始まる幾世紀にもわたる活動の痕跡を示していると言うべきだろう。

ギョベックリ・テペ遺跡

この遺跡は、見事な彫刻を施した石柱が円を描くように建てられた構造物跡であり、神殿だったのであろう。巨大なT字形の石柱の上部は人の頭、下は人の体を象徴していると言われる。もしも、これが祖先の霊の象徴だったとすれば、この時代にはすでに祖先崇拝が行なわれていたことになる。この十トンから二十トンにも及ぶ石柱には、多種多様な動物のレリーフが刻まれている。ライオン、牛、猪、狐、ガゼル、ロバ、蛇、昆虫、クモ、ハゲワシ、サソリ、鶴など様々な動物の浮彫は、そこに集まってきた各部族のシンボルだった可能性がある。円の中央には二本の高い石柱が立つ。これも、宇宙を構成する二原理の対置と結合を表現しているのかもしれない。

この遺跡のもっとも古い層では、定住跡や住居跡など日常的活動の形跡は見られない。これは、農耕も牧畜もまだ始まっていない狩猟採集生活の時代の遺跡なのである。ギョベックリ・テペ遺跡は、農耕以前の狩猟採集社会が巨大な石造りの記念碑的建造物（神殿）を建設しうることを証明した。

おそらく、異なる部族に所属する多くの狩猟採集民が、毎年定期的に集合して、長期にわたり神殿を造っていったと思われる。各地で狩猟採集生活を送っていた集団が、この聖地を中心に共通の信仰をもち、共同で神殿を建設していったのではないか。実際、この神殿は、二、三十年ごとに繰り返し建設し直されている。

この地は、各地の狩猟採集民の共通の聖地だったのであろうから、これらの神殿は、彼らの交流の場所でもあっただろう。石の切り出しやその石に彫刻を施すにも多大な労力と時間が必要であることを考えれば、それは、すでに高度な宗教的・社会的システムの存在を暗示している。このような事業を数千年にもわたって持続するには、高度な宗教的世界がなければならない。

この遺跡の発掘を始めたドイツの考古学者、クラウス・シュミットの言うように、最初に宗教があり、人が集まる聖地ができ、そこで集団祭祀が行なわれ、そこから定住が始まり、やがて農業が開始されていったのではないか。従来の考えでは、定住が行なわれ、農業が開始され、余剰農産物ができたために神殿が造られ、宗教が発生したと考えられていた。しかし、この遺跡はその逆を証明している。文明は、人智を超えた何かを畏れる感情、つまり人間の心から生まれたのである。

ホモ・サピエンスは、何より宗教的人間であった。文明成立には宗教が必要である。動物の超自然的な霊力や精霊への信仰、祖先や死者の霊魂への畏怖の感情など、人間を超える大いなる力への畏敬の念が、毎年季節ごとに執り行なわれる祭祀や儀礼を生み出し、それが社会秩序を作り出していく。洞窟や神殿で盛んに開催される宗教的行事への共同参加が共同体の拡大と強化につながり、それが文明を生み出していく。

後期旧石器時代の洞窟の中で、動物の毛皮や鳥の羽で仮装したシャーマンは、動物の霊そのものになりきって異界を旅し、精霊と交信して、大自然の恵みとしての動物の多産を約束した。そして、このシャーマンは、やがて神殿の儀礼を主宰する司祭となっていったのであろう。

洞窟に代わって造られた神殿は、精霊や祖霊への通路であり、祭祀センターであった。それは、様々な儀礼の催される聖なる空間であり、祈りによって聖化された場所であった。人々は、そこで挙行される儀礼に参加し、祖先の霊と交流した。人々は、巨石のまわりを回り、祖霊の祝福を受けたのであろう。

巨大な立石がそれに向かって立つ天は、崇高さと超越性の象徴である。また、その立石の立つ大地は、死者の帰り行くところであり、地上の豊穣を保証した。立石は天と地をつなぐ宇宙樹でもあり、人々は、この天と地へのつながりによって、人でありえた。人々は、この天地の大いなる力に支えられて、生命を維持し、豊穣を獲得したのである。神殿が円形をなしているのも、それが、天地、宇宙の無限の象徴だからでもあろう。巨石も、永遠と不朽の象徴であった。神殿には、そのような宇宙論的シンボリズムがある。文明成立には、そのようなコスモロジーが必要なのである。

現に、巨石を切り出して運び、それを神殿に立てる共同作業そのものが一つの儀礼であり、この儀礼的記念物の建設そのものが、大きな共同体を生み出していった。聖地に定期的に人々が集まり、そこでお祭りをすることが、人々の交流を盛んにし、物の交換が成り立ち、経済が発展した。宗教的儀礼に表現される共通の世界観が、情報交換の場を提供し、遠隔地との交易も可能にしたのである。後期旧石器時代の遠隔地交易のネットワークの結節点には、洞窟や神殿など聖地があった。

洞窟や神殿における儀礼を通して、自己自身を宇宙の秩序の中に位置づけようとする営み、それが文明を生み出す。人間は観念を象徴化する動物、シンボルを操る動物であり、仮想的動物である。現実よりも仮想の方が先なのである。

大地女神

マリヤ・ギンブタスの『古ヨーロッパの神々』は、紀元前六五〇〇年から三五〇〇年の東南ヨーロッパに出土する新石器時代の女神像の考古学的研究である。これは、インド・ヨーロッパ語族の侵入以前の古ヨーロッパに、大地の豊穣を象徴する女神崇拝の信仰があったことを、広範にそして詳細に実証した名著である。

古ヨーロッパに盛んに出土する胸部や腹部、臀部や大腿部を誇張し、性的部分を強調する女神像は、粘土や大理石、骨などで出来ている。それらは、どれも極端にデフォルメされており、抽象化が著しい。胸の下で腕を折り曲げて立っている女神像もあれば、坐っている女神像もある。それは、何らかの豊穣儀礼とかかわりのある象徴的表現とみてよいであろう。

ヨーロッパの新石器時代、小麦や大麦の栽培など農耕が始まると、妊娠した女性と耕地の肥沃さが結びつけられ、多産な女神像が作られていった。耕地に種を蒔けば、大地の不思議な力によって穀物が育ってくる。この大地の生産力が多産な女神像によって表現されていたのであろう。豊かな身体を備えた女神像は、新石器時代特有の観念を表わしている。

植物がそうであるように、大地は、そこからあらゆる生命が生まれ出るとともにそこへと死していき、そして、そこから再生してくる場所である。だからまた、豊穣女神は、生命の付与者として豊穣を約束する女神でもあると同時に、自然の破壊力を象徴する死の女神でもあった。大地女神は、生きとし生けるものを生み出すとともに、それらを再び呑み込んでいく。

大地女神は、生と死、そして再生を司っている。女神像に強調されている性的部分の三角形は、母なる大地への入り口であり、地下の冥界への入り口でもある。それは、再生のために死者が回帰して行く尽きることのない生命の根源を視覚化しようとしたものである。そこでは、生と死が分かち難く相補的に一つになっている。大地女神は、生と死と再生、生命の永遠を象徴している。

大地女神

古ヨーロッパの女神像（ギリシア北部 BC6200年頃）

顔面把手付深鉢（出産文土器）

妊娠した女神の腹の上や臀部などでとぐろを巻いている蛇も、その卓越した活力によって、不死と再生、生命力の源を象徴する。渦巻きや蛇行線や螺旋文様は、古ヨーロッパ芸術の支配的なモチーフであるが、それは、蛇紋とも共通した大地のダイナミズムを表現する図像である。古ヨーロッパ文明の宗教と神話は、大地女神信仰の上に築かれていた。古ヨーロッパの芸術には、大地を母とするそのようなコスモロジーがあったのである。

わが国の新石器時代つまり縄文時代の土偶や土器にも女神像が多く造形され、これも、大地母神を表わしていたと思われる。ヨーロッパ同様、性的部分を強調し、豊満な腹部をもった女性像が多数作られている。縄文中期になると、出産中の姿を表わした女神像や赤子を抱いて乳を飲ませている女神像も現われる。

例えば、山梨県北杜《ほくと》市の津金《つがね》御所前遺跡出土の顔面把手付深鉢は、全体として妊娠した女神を表わし、膨れた胴体の中央に赤子の顔がお腹の中から出てこようとしている有様が造形されている。そして、上の口の縁には女神を表わすと思われる顔が付けられ、把手の役割をしている。これは、大地母神が今まさに子を分娩しようとしている姿である。大地の恵みである木の実や穀物や芋類を煮炊きして大地母神に捧げるとともに、それを神々とともに共食する豊穣儀礼が行なわれていたと思われる。これは、そのための祭祀土器だったのであろう。大地の女神は、食物を自分の体から惜しみなく恵んでくれ、自分達を養ってくれる偉大な母神と観念されていた。恵まれる食物は、この地母神の生む子と同一視されていたに違いない。縄文時代には、食糧を入れそれを煮炊きする土器そのものが、すでに万物を育む母なる大地の子宮のようなものとしてイメージされていた。大地の豊穣への信仰なくして、このような造形はなかったであろう。

しかし、この土器の把手の役割をしている女神の顔の反対側を見ると、その表情は表側とはまるで違っている。異様に大きい丸い両の目だけが目立ち、左の目は渦巻きのようにも見え、多くの同心円模様が描かれている。これはおそらく、大地女神が同時に死の神でもあることを表現するものであろう。大地の女神は死の女神でもある。死者たちは地下に埋葬され、この大地女神の胎内に帰る。大地女神は、死者たちの行く冥界を支配している女神でもあったのである。

御所前遺跡出土の女神像土器は、珍しく全体が復元できるものであった。しかし、縄文時代の土偶や土器は、多くの場合完全な形のままで発見されるものは珍しく、大概破壊された形で出てくる。数多く出土している顔面把手付深鉢も、女神の首だけで見つかるのが通常の姿であった。土偶や土器を壊すことで、地母神を殺害し、その死体から作物を生み出させようとするような豊穣儀礼があったと思われる。イェンゼンが『殺された女神』で明らかにしたように、わが国の縄文時代にも、女神の死体から人間にとって有用な栽培植物が発生したという信仰があったのであろう。女神が作物をその子として生み出すには、女神の犠牲が必要であった。母なる大地の犠牲こそ、豊かな収穫や生命の豊穣を約束してくれる。ここでも、生命の豊穣への信頼が神の死と裏腹になっている。

縄文土器に盛んに造形されている蛇や螺旋文様も、〈死と再生〉のシンボルであった。地下に冬眠し甦ってくる蛇は、東西を問わず〈死と再生〉の象徴であり、渦巻く生命の永遠を表わすものであった。

大地の女神は、生み出すものであると同時に包み込むものでもある。万物は母なる大地から生まれ、またそこへと帰る。ここでは、生と死、創造と破壊、相対立する二極が一つになっている。そして、それが無限の生成を起こす。そのような大きなコスモロジーなくして、縄文時代の土偶や土器は生み出されなかったと思われる。

ヨーロッパにも日本列島にも共通した新石器時代の地母神信仰は、さらに、旧石器時代に源泉をもっている。約五万年前ごろから始まる後期旧石器時代の代表的遺跡は、ヨーロッパからシベリアにかけての北方ユーラシアに広く分布している。特に、三万年前ごろからは、ヨーロッパの多くの洞窟に食用動物などの壁画が盛んに描かれ、芸術の爆発的な隆盛をみた時代であった。

それと同時に、この洞窟の入り口などからは、石灰岩製や象牙製、土製などの女性小像が各地で出土している。旧石器時代のヴィーナスといわれているものである。ヴィレンドルフのヴィーナス（オーストリア）やレスピューグのヴィーナス（フランス）などがよく知られている。この大きなお腹や巨大な乳房をもった女性小像は、臀部や性的部分が特に強調されているが、顔の造作は欠けている。明らかに妊娠している小像もあるところをみれば、これは夥しい数の子を生み育てる母神を表わすものであろう。おそらく、食用動物の繁殖や食用植物の豊穣を司る女神にまつわる儀礼があったのであろう。旧石器時代にも、超自然的な生産力を象徴する女神崇拝があり、それがやがて地母神に発展していったと思われる。狩猟採集を生業とした旧石器時代にも、大地は、植物や動物や人間など、生きとし生けるものの生みの母であり、生成の原母であるという宗教的な信仰が原初的な形であったと思われる。

この女性小像がしばしばその入り口などに埋められている洞窟も、大地女神の子宮への入り口であり、産道と見なされていたのであろう。洞窟は、その奥深くでは成年儀礼なども行なわれた聖所だったといわれる。だからまた、夥しい数の絵画も、何万年にもわたって描かれ続けたのである。後期旧石器時代のヴィーナス像や洞窟壁画は、旧石器時代の神話的世界を表現している。そこには、素朴ながら壮大なコスモロジーが象徴的に表現されている。

大地のもつ生命力を女神像として象徴することは、旧石器、新石器両時代に共通している。特に、人類が植物栽培を習得し農耕が始まると、植物栽培とその収穫は主に女性の仕事になったであろう。その収穫量と食料生産量は、男の仕事であった狩猟よりもはるかに多く安定していたから、次第に女性の力が強くなっていったと思われる。しかも、豊穣多産を祈る儀礼も主に女性が主催したと思われるから、新石器時代に入ると、ますます大地女神の崇拝は盛んになる。

大地は母であり、命を与え養育するものであった。女性のもつ産出力と養育力が、大地の生産力への信仰と結びついたのである。そして、それは、穀物を豊かに実らせてくれる豊穣女神になっていく。しかし同時に、この豊穣女神は死の女神でもあった。死とは大地の母の懐に帰ること と信じられていたからである。命あるものは死によって母なる大地に帰る。だが、その大地に帰ったものはまた再び大地から生まれ替わってくるという〈死と再生〉の神秘を、大地は人間に教えた。ここでは、生と死は一つであり、生命は永遠に回帰する。

人間は、大地に立ったその時から、われわれはどこから来てどこへ帰るのか、生とは何か、死とは何か、というような問いを問うてきた。そこから宗教も芸術も生まれてきたのだが、先史時代の人々は、それを、大地女神への信仰によっても表現したのである。

太陽神と王権

カイロの中心地から南西約十五キロメートル、ギザの砂漠に近づくと、あの有名な三大ピラミッドが見えてくる。古代エジプト・古王国時代の第四王朝期に造営されたクフ、カフラー、メンカウラー、三王のピラミッドである。ピラミッドは、王の埋葬と祭儀を目的とした葬祭記念建造物であり、王権の正統性と不滅性を象徴する役割を担っていた。ピラミッドはやがて太陽神の祭祀と結びつき、太陽のように、エジプトの王の地位は神聖で永遠なものと考えられるようになっていった。

太陽は、夜明けとともに東の空に生まれ、夕刻とともに西の彼方へと沈むが、翌朝また昇ってくる。これが、人間の死と再生、永遠の生という古代エジプト人の死生観を形づくっていった。太陽神ラーは、毎日、太陽の船に乗って天空を駆け巡り、毎夜冥界を通って再生してくる。死者の魂も、太陽神ラーに導かれて冥界を巡って甦ってくる。

この太陽神ラーの信仰が盛んになったのは第五王朝末期からであった。それとともに、エジプトの王、ファラオは次第にラー自身あるいはラーの息子と考えられるようになり、死んで天に昇り永遠の生を得ると信じられた。そして、それが、この世でのファラオの至上権を根拠づけた。ファラオは、太陽神ラーの化身として、王国の秩序と安寧を保証したのである。

エジプトに小麦や大麦の栽培技術をはじめ多くの技術や文化を伝えたとされるオシリス神への信仰が盛んになってくるのは、その後である。ファラオは、このオシリス神をも吸収し、太陽神と統合して王権を強化していった。オシリス神はエジプト人に農耕を教え、最後に冥界の王となり死者の審判に当たったといわれる。ファラオは、このオシリス神の霊威をも身につけ、エジプト人に豊穣を約束したのである。この文化英雄神オシリスと大地女神イシスの子とされるホルスは穀霊神とも考えられるが、ファラオはまた、このホルスの地上での姿だとも考えられた。そして、ファラオの坐る玉座は、ホルスの母イシスの膝ともみなされた。

古代エジプトの王の即位礼は、王を神の化身とみなすこのような神王理念に基づいて行なわれた。ファラオの即位儀礼は、上下エジプトの統一を成し遂げたナルメル王の偉業を儀礼的に再現するとともに、ファラオが太陽神ラーともなり、文化神オシリスともなり、その子ホルスともなることによって、天地創造の原初の出来事を象徴的に更新した。ファラオは、創造神が天地創造時に定めた宇宙秩序を不断に維持更新することによって、人間社会の繁栄と平安を確保する聖なる存在であった。ファラオの営む儀礼は、社会の秩序と安定を保証する。王は、神の代行者としてエジプトを統治したのである。

南アメリカ・アンデスのインカ帝国は、十五世紀ごろ完成した帝国だから、時代的には必ずしも古代帝国とは言えない。しかし、形態的・機能的には古代的帝国であったと言える。インカ帝国の王権も太陽崇拝によって根拠づけられていた。インカ王は、自ら太陽の子を名乗り、太陽を父とし、その王権は、王朝の起源に関する神話とそれに基づく儀礼によって正当化されていた。

インカの伝える世界創造と人類創造の神話によれば、創造神ビラコチャは、太陽と月、昼と夜、夏と冬、明けの明星と宵の明星、大地と海、男と女などを生み出し、大洪水の後、新しい人類を出現させた。そして、四人の兄弟と四人の姉妹に、農業や機織など、文明生活の諸技能を人民に伝授することを命じた。彼らは、この創造主の命令に従って地下に潜り、洞窟から飛び出して、金の棒をもって旅をし、その棒が一突きで土中に埋まるところを見つけ、そこに首都を建設し、太陽神を祀る神殿を建てた。それがインカの首都クスコである。脱落者が一人出たが、彼らはインカ王朝の始祖となった。

だから、インカ帝国でも、太陽神を祀る祭儀が盛んに行なわれた。そのなかでも、大きな祭礼は、太陽が赤道を横切る時期と南北の回帰線に達する時期に合わせて年四回行なわれた。この四大祭礼はまた、それぞれ、人間の誕生、結婚、父、死を記念する祭りであった。太陽は、日ごと海に身を投じて、翌朝アンデスの山から甦ってきた。また、北回帰線に至り、その威力が最も弱くなっても再生してきた。ちょうどそれと同じように、王やその祖先も太陽と同じ旅をし、その生命は永遠だと考えられていたのである。そのような世界観がなければ、あのインカの壮麗な太陽神殿に埋蔵されていた黄金の偶像なども造られはしなかっただろう。インカの王位継承も、豪華な耳飾りの受け渡しによって象徴的に行なわれた。

インカ王は、太陽神と人間社会を媒介する神聖王として君臨し、社会的安寧をもたらすと信じられていたのである。王こそ、都市や神殿の建設、灌漑用水路の敷設など、国土を創造し、トウモロコシやジャガイモなどの豊かな実りを約束する世界の中心的存在だったのである。

中米ユカタン半島に成立した古代マヤ文明でも、王権は太陽崇拝と深くつながっていた。例えば、マヤの王位継承は、カウィールまたはフーナルという王権を象徴する神の受け渡しによって行なわれたが、そのうち、カウィール神の祖先は太陽神に辿り着く。

また、パレンケの〈碑銘の神殿〉の墳墓も、太陽崇拝とのつながりを暗示する。それは、七世紀ごろの王・パカルの王朝を称えて造営された記念建造物である。このピラミッド神殿の中心を通って階段を降り、地下に至ると、そこには王の石棺が置かれ、その蓋を飾っていた彫刻は、パレンケでの王位を巡る世界観を伝えていた。

そこには、天、地、地下を貫く宇宙樹が描かれ、それを伝って、死んだパカル王が沈む太陽とともに地下の死後の世界へと降りていく図が描かれている。パカル王が死の記号を伴った太陽神の首飾りの上に腰掛けるようにして描かれていることからも、そのことは分かる。パカル王は今まさに大地の怪物の口に呑み込まれるように降下しているのだが、それは、現世における死と死

パカル王の石棺（蓋）の図像

カン・パラムの即位図

後に行くべき世界との境界にいる状態なのであろう。宇宙樹の上に止まっている天の鳥が左に頭を向けているのは、この王が夜の闇に向かっていることを表わしている。しかも、この神殿そのものが、冬至や夏至には太陽の光が内部の聖所に当たるように建造され、王の死や新王の誕生に関する宇宙創成的な枠組みを伝えている。

同じパレンケの〈十字の神殿〉では、パカル王の後を継ぐカン・バラムの即位を表わす図像が、神殿の内部に造られた小部屋の奥壁に描かれている。そこでは、中央の宇宙樹を挟んで、左側に死んだパカル王が小さく描かれ、右側に即位するカン・バラムが大きく描かれ、両者の間で王位継承が行なわれていることが物語られている。宇宙樹とともに描かれた太陽は、夜から昼へ、死から生へと変化する宇宙を象徴し、王権が太陽崇拝によって根拠づけられていたことが窺える。宇宙樹の上に止まっている天の鳥が右へ頭を向けているのは、昼の太陽に向かって王位継承が行なわれているという時間的表記なのであろう。

マヤの宇宙は、宇宙樹によって、天、地、地下の垂直方向の三つの層として表現され、創造的な霊力が天界と冥界を結びつけて地上の繁栄を保証していた。王は、天界と冥界にいる神々と常に交信し、世界創造以来の生命の豊さを約束した。それが王権の聖性と正統性の源泉だと観念されていたのである。

メキシコ高原に成立したアステカ帝国も、形態的には古代的帝国とみてよいと思われるが、これも太陽崇拝によって正当化されていた。アステカ族は北方出身の部族で、十四世紀初頭メキシコ高原に侵入、それまでの諸神殿都市国家を征服統合し、帝国を築き、湖に浮かぶテノチティトラン島に首都を築いた。アステカの太陽神ウィツィロポチトリは軍神でもあり、アステカ族の軍事的支配圏拡大を保証し、その正統性根拠となった。

太陽が朝から昼にかけて月や星の闇の勢力に打ち克って登場してくるように、アステカの王も、昼の太陽の力を得て飽くなき勝利に向かって前進するものと考えられた。昼の太陽は王権のモデルでもあったのである。

現今世界は四つの太陽の時代の後に現われた第五の太陽の時代で、この太陽の運行を持続させるには、周期的に供儀を行なわねばならないと、アステカ人は考えた。そのため、太陽の力の源泉である人間の血と心臓を捧げるために、血腥い人身御供の儀式が盛んに行なわれた。

アステカの太陽神は、また、トルテカやテオティワカンの神ケツァルコアトルをも習合し、自らの支配の正統性を根拠づけた。ケツァルコアトルは羽毛を持った蛇で表わされ、金星の神でもあった。だが、明けの明星も昼の太陽に呑み込まれていくように、アステカは、ケツァルコアトルをも太陽信仰の中に呑み込んでいったのである。ケツァルコアトルは大地の神コアトリクエから生まれ、トウモロコシを生み出した雨の神でもある。こうして、アステカでは、太陽神と大地神と水神が結合され、トウモロコシをはじめ食物の豊穣が保証された。

アステカの世界観は、メソ・アメリカ全域に共通する天地を結ぶ垂直軸と、東西南北で仕切られる地上の水平軸の交差するところに展開され、そういう世界観に基づいて、帝国の国家儀礼は行なわれていた。特に、アステカの王位継承儀礼は、王権を象徴する神、テスカトリポカの受け渡しによって行なわれた。これが、王権の連続性を保証したのである。


古代エジプト、インカ、マヤ、アステカなど、古代文明と王権が成立したところでは、しばしば、太陽崇拝が優越した地位を占めてきた。太陽は、天空の至高存在であり、世界軸の頂点に位置していた。太陽は毎夕西に沈み、冬至で最も弱くなるが、そこからまた再生してくることによって、宇宙の再生をも意味した。こうして、天上と地下の両極端は同じ太陽の両面として、生と死を統一し、永遠の生命のシンボルとなった。太陽神はまた、大地神や水神とも結びつき、植物の生命を育むもの、生命の源とも観念され、穀物の豊かさを約束した。

王を頂点とする人間社会の秩序構造も、この宇宙論的秩序になぞらえられた。王は、太陽神そのものまたは太陽神の子と観念され、その神聖な神または神の子が天上から降り立って王族の始祖となり、王は、その始祖とともに太陽神そのものを祀る最高の司祭ともなっていった。王を太陽神の直系と見るこの神聖王権の考えは、王を地上と天上の媒介者とする考えである。王は、このような宗教的役割を果たすことによって、豊穣の分配、生命の保護、宇宙の更新を主催したのである。

王の死とその子への王権の継承も、このような神話に依拠して行なわれ、太陽の死と再生と結びつけられていた。この儀礼によって、時間的には、われらの世界は一旦宇宙の創成期に戻り、再生してくるものと考えられた。各文明で行なわれた王位継承儀礼は、エリアーデの言うように、神話的な祖型の反復という意味をもっていた。

王は、変動する世界の機軸として世界軸を担う者であった。王の死と即位は、この世界軸の担い手の交代を意味していたから、それは、ある意味で不安定な時間でもあった。だから、継承儀礼によって、早急に時間の秩序を回復する必要があった。新王の即位は、時間の再生であり、世界の更新を意味していたのである。しかも、それが、多くの場合、太陽の死と再生に象徴的に結びつけられていた。太陽神が偉大な帝国や王の支配圏の象徴として地上に君臨しえたのは、このような王権の神学があったからである。

人間は、天と地と地下をつなぐ世界軸に支えられてはじめて人間である。この地上の人間社会と王の関係も、天と地と地下のつながりの中に位置づけられる。王権が成立し、神殿が造られ、都市が建造されるには、このようなコスモロジーが必要である。文明成立にはコスモロジーがなければならない。何もなしに、あの巨大なピラミッドや神殿が造られたわけではない。

5　文明の条件

マチュピチュ

南アメリカのアンデス、ペルーのクスコは海抜三四〇〇メートルの高地にある。ここを首都として、十三世紀頃から十六世紀にかけて栄えたインカ帝国の代表的な遺跡に、有名なマチュピチュがある。ほぼ森林に覆われたマチュピチュ（老いた峰）と、岩山のワイナピチュ（若い峰）に挟まれた海抜二四〇〇メートルの岩棚に築かれた遺跡である。マチュピチュ遺跡は、インカの第九代皇帝パチャクティの造営によるものといわれる。

インカ帝国は、太陽崇拝の古代型王国であった。しかし、人々は、太陽ばかりでなく、月や星、大地、山、石、川、水、あらゆる自然に、人間の力では左右できない偉大な霊力を感じ、それを神々として崇拝していた。太陽は昼を照らし、月は夜を照らし、大地には死者が眠り、山には神が宿り、石は岩の神の分身であった。マチュピチュ遺跡にも、儀式の石や山の形をした聖なる石がいくつかある。周辺の山々の神に捧げものをして、儀式を営んでいたと思われる。マチュピチュは、太陽神（インティ）ばかりでなく、これらの神々を祀るために造営された聖地だったのであろう。インカ帝国の人々は、大自然への畏怖の念に発する敬虔な自然観をもっていたのである。

確かに、太陽信仰はインカの国家宗教であった。マチュピチュにも、最大級の巨石を使った〈太陽の神殿〉がある。その〈太陽の神殿〉には、半円形の壁をもつ塔があり、その内部には不思議な形に刻まれた聖なる石がある。その窓からは、冬至と夏至に太陽の光が真っすぐに差し込み、中の聖なる石を照らし出す。太陽や月、星の移動を観測しながら、皇帝や神官が重要な儀式を行なっていたのであろう。〈太陽の神殿〉の地下には、自然の洞窟を利用した陵墓があり、大地の神（パチャママ）を祀っていたと思われる。死者は大地に帰るという観念があったのである。〈太陽の神殿〉は、天上、地上、地下を結ぶ霊廟だったのである。

〈太陽の神殿〉の北方奥深く、マチュピチュ遺跡でも最も太陽に近い場所にあるインティワタナ（日時計）と称される石造物も、太陽と地上を結ぶ聖なる石である。角柱の角は東西南北を向いており、冬至や夏至、秋分や春分を読み込め、暦の代わりをする。また、〈太陽の神殿〉の北東の方向にある〈コンドルの神殿〉は、コンドルが羽を広げた姿をイメージしており、これも天地をつなぐ役割を担っている。コンドルは、地上へ舞い降りてきた太陽の使者とも考えられ、死者の霊を天上に運んでくれるものとも考えられていたのである。マチュピチュの主だった遺跡には、そのような宇宙観が秘められている。

インカでは、人間の生と死は太陽の死と再生で象徴され、生と死はつながっていた。だから、太陽の力が最も弱くなり、そこから太陽の力が復活してくる冬至は、最も神聖な日であった。冬至の日には、〈太陽の神殿〉をはじめ、マチュピチュの北西にある主神殿でも、盛大な祭祀が行なわれていたであろう。また、主神殿の前に広がる広場でも、各地からの首長や巡礼者達が集まり、太陽の復活を祝う祝宴が盛んに催されていたのであろう。

主神殿の東隣にある〈三つの窓の神殿〉は、インカの始祖伝説を語るものである、クスコの南にタンプ・トッコという山があり、その山の三つの窓（あるいは洞窟）から四人の兄弟と四人の姉妹の一団が出てきて、インカ王の祖先になったという。王は太陽の子といわれ、神聖王であった。

この遺跡は、インカ王の離宮だったのではないかとも推測され、実際、王の別荘といわれる建物もある。しかし、年何度かの王の巡幸も儀礼の一つであり、神殿なくしては離宮の機能もありえない。輿に担がれて進む王の巡幸では、道は清められ、花が撒かれ、音楽が奏でられ、人々に食べ物や飲み物が振る舞われた。マチュピチュ遺跡は宗教施設であり、マチュピチュは神殿都市であった。

この神殿都市に常駐していた人口は、神官や彼らの従者、太陽の神に仕える太陽の処女といわれる巫女達（アクリャ）、施設建設に携わった石工など職人、農夫、番人などであっただろう。神官達は儀礼を行ない、神から神託を受け、人々に伝えた。神官は、また、太陽や月の観測を行ない、至日を確定し、いつ作物の植え付けをすればよいかを教えたのであろう。太陽の神に仕える選ばれた若い女性達は、神々に供える飲み物を作り、それを供物として奉納するとともに、神や王からの下賜品として使う織物を織り、神々に奉納する歌舞を舞った。常駐者の総数は五百人から千人と推定されている。

しかし、儀礼ごとに集まってくる首長やその配下、巡礼などの流動人口を入れれば、この神殿都市の人口はかなりのものになる。その巡礼者や訪問者が利用したと思われる休憩所や宿泊所もある。巡礼者達は、穀物や小石などを神々に奉納し、祭典に参加するとともに、神託を授かり、何らかのお下がりももらって帰ったのであろう。また、巡礼そのものが太陽の通り道を模倣し、農事の変化を知る儀礼でもあったのである。

マチュピチュ遺跡には、天体観測の石といわれる石が二つ、美しい石組の建物内にあり、そこに、水を張り、昼には太陽、夜には月や星の軌道を観測した。そして、種蒔きや収穫の時期を正確に知った。この天体観測そのものも、太陽や月、星への信仰と儀礼なくしてはできなかっただろう。

インカ国家は祭祀国家であり、劇場国家であった。マチュピチュも祭祀都市であった。このような祭祀都市が建設されるには、その背景に、天、地、地下につながる自然の偉大な力への畏敬の念、コスモロジーがなければならない。アンデス文明が標高四〇〇〇メートルもの高地にまで多くの神殿都市を建設しえたのも、その背景に宗教があり、それぞれの場所が聖地だったからである。

インカの経済も、本質的に、祭祀経済によって成り立っていた。インカ王朝に服属した首長たちは、インカの神、特に太陽神に奉納するものとして、一部の土地と住民の労働力を貢納し、その代わり、太陽の子たるインカ王から、貴金属、奢侈品、食料などを贈与されていた。太陽の土地や王の土地での労働力奉仕が納税の代わりになっていたのである。そこであがった収穫物は倉庫で保管され、土木工事の労働力奉仕の対価としても再分配された。マチュピチュにも倉庫跡があるのはそのためである。労働や技術の提供と、神および王からの贈与と分配が引き換えになっていたのである。特に土木事業の労働力は輪番制で提供され、作業員は限られた期間だけ首都をはじめ様々な神殿都市に滞在し、作業を行なった。その労働力を確保するために、王は、饗宴を通して財を分配したのである。国家的な儀式や祭典、太陽や月の祭りが催されねばならなかったのは、このような財の循環を可能にするためであった。

さらに、インカ王は、様々な労働力の提供を受けねばならなかったから、そのための贈与の必要性から、国家の領土の常なる拡大が必要であった。各地の首長や人民も、労働奉仕の見返りとして、生産物の再分配や贈与を当てにした。だから、王は、再分配するための膨大な量の農産物や奢侈品などを蓄積するために、農業や奢侈品の生産性もあげねばならなかった。インカ帝国の経済は、互恵と再分配によって成り立っていたのである。こうして、儀礼を通して力が聖地の中心に集められ、その聖なる力が再び人々に配分された。

インカは、車輪ももたなかったし、鉄の精錬技術も知らなかった。汎用性のある通貨ももたなかったし、広範囲の市場もつくらなかった。土地の売買という観念もなかった。それにもかかわらず、あれほどの巨大な神殿都市を各地につくりえたのは、互恵と再分配経済によってであった。インカ王は、まず、首長達を首都に集め、奢侈品や食物を贈与し何日間も供応し、その後はじめて労働力の提供を懇請した。首都やマチュピチュなどで盛んに催された祭典や祝宴に、役人や首長、巡礼達が多数参加したのは、多くの再分配を期待してのことであった。インカは宴会国家だったのである。

マチュピチュをはじめ多くの都市で数多くの儀礼が行なわれ、倉庫や訪問者の宿が用意されているのは、このような経済を成り立たせるためである。王は、無数に築いた倉庫に大量の物資を集めては分配した。インカ帝国でも、奢侈品、青銅製品、鉱物、砂金、貝類など、高低差を利用した遠隔地交易が盛んに行なわれたが、これも、首長や人民への分配に必須だったからである。マチュピチュ遺跡からも青銅や金銀製品が出土しており、それらはマチュピチュの工房で作られたものと思われるが、その加工に当たる職人は海岸辺りから移動してきたと推定されている。また、その原材料も、遠くチチカカ湖あたりから運ばれてきたと思われる。神殿都市にやって来る遠隔地からの巡礼達も、宿舎に泊り交易を行なったであろう。高原地帯の牧畜で育てられたアルパカやリャマなど、ラクダ科の動物に荷を背負わせたキャラバンも、これらの遠隔地交易に携わった。

マチュピチュは、八本程の立派に石詰めされたインカ道を通して、クスコや他の都市とつながっている。それらの道は、各地から集まってくる首長やその配下、巡礼者達のためにも必要であった。三万〜五万キロメートルにも及ぶインカ帝国に網の目のように張り巡らされたインカ道は、海と山をつなぎ、北方と南方をつなぎ、交易と生産の発達をもたらした。一日の旅程ごとに宿駅が設けられ、タンボといわれる宿泊施設が造られ、倉庫が設けられ、そこで補給が行なわれた。インカは、標高差によって異なる幾つもの環境を利用して生活を豊かにしたが、海の物を山へ、山の物を海へ、各種異なる産物を運び交易するには、よく整備された道が不可欠だったのである。インカ道を移動した者は、王、役人、軍隊、物品の輸送者、労働奉仕者、巡礼者、使者、従者、職人などである。なかでも、インカ道をキープといわれる縄目による数字の記録装置をもって走った継ぎ飛脚（チャスキ）は特筆に値する。道は、情報・通信網でもあった。情報・通信を密にし、それを首都に集め、そこから情報を発することによって、インカは繁栄を獲得したのである。情報・通信や交易が成り立てば、標高何千メートルという高地でも都市文明はつくることができる。

マチュピチュ遺跡を一望したとき最も目につく施設は、灌漑を伴った美しい階段耕地跡であろう。ここで栽培されていた植物は二十種類にも及ぶというが、この神殿都市の人口を養うには十分ではなかった。階段耕地は、おそらく、トウモロコシ酒（チチャ）などを作り、供物を神に奉納し、それを分配するための耕作地だったのであろう。

この階段耕地は、水路を精巧に造り灌漑を施して、斜面を見事な耕地にしている。石による保温や土による保湿や小石による水捌《は》けの工夫によって、コカやトウモロコシなど、かなり低地に出来る植物も作り、ジャガイモなど標高の高い寒冷地で出来る作物も作っていたようである。その灌漑技術は大規模灌漑ではなく、むしろ労働集約的で細やかな技術によっている。インカは鉄器も車輪も知らなかったが、各地から集められた専門職人が精巧な石組みで、神殿ばかりでなく水路や階段耕地も造ったのである。

この階段耕地が象徴しているように、アンデス文明は、高原、山地、盆地、海岸など、高度差によって異なる多様な自然環境を利用し、そこでの生産物を交易し、文明を築いてきた。アンデス文明の最終段階だったインカ帝国は一千万人以上の人口を擁し、その大半が高地に住んでいたという。それだけの人口保養能力があったのである。

人類の文明は、自然環境の制限のもとに行なわれるが、人類は技術を開発し、交易を盛んにすることによってそれを乗り越える。技術と交易は、気候風土を越える人間の営為である。人間は、地理的風土的に環境に制約されているが、交通路や交易路を作り、物を交換し、情報を交換することによって、その制約を克服し、新しい文明的環境をつくっていく。文明は、自然環境の改変能力でもある。

逆に言えば、環境を改変する技術を開発し、物の交換を盛んにしさえすれば、都市文明はつくることができる。小規模な灌漑でもきめ細かにし、大河がなくても、細やかに水源を見つけ水利を施せば、農業生産は上がり、多くの人口も保養することができる。アンデスには大河はないが、多様な環境を改良し、立派な文明を築き上げることができたのである。古代文明は大河の畔に誕生したという説は成り立たない。たとえ標高二〇〇〇から四〇〇〇キロメートルというような高地でも、技術を開発し交易を盛んにすれば、都市文明はつくることができるのである。

人間は、むしろ、環境を創造してきたというべきだろう。人類は道具を発明し、技術を開発し、物や情報の交換を盛んにして、新しい環境をつくってきた。特に、アンデス文明を考えるとき、この環境の改変と創造に宗教が果たした役割は大きい。インカ帝国が成し遂げてきた神殿の造営、石造建築、道路建設、水利施設の整備などを考えると、宗教が新しい景観の創造に寄与したことに思い当たる。マチュピチュの二つの大きな山の下に開け、時に雲霧が発生する景観、神殿を中心として段々畑が広がる見事な空中都市の景観は、宗教を中心として築き上げられたアンデス文明の縮図であり、小宇宙なのである。

古代アンデス文明は、一貫して神殿建設を通して都市文明を築いてきた。神殿建設が、逆に、社会の階層化や専業化、人口の増大、灌漑施設の建設や食料の増産など、社会組織の複雑化をもたらしたのだと考えねばならない。神殿を造れば、高地にも都市文明はできるのである。

都市文明形成に最も必要なものは社会の統合力であり、その役割を神殿が果たす。そして、その背景には、天地人をつなぐ精神世界がある。文明の中に生きている信仰など価値体系が神殿を造り、建造物や工芸品など目に見える文明を形成する。神殿への奉納や参拝、巡礼、祭りへの参加などを通して人々が集まり、物や情報の交換、交易が盛んになり、石造建築や貴金属製品の製作など技術が発展し、環境改変と創造が行なわれる。神殿を造り、交易を盛んにし、環境を改変して、大河もない高地に独自の様式をもった高地文明を形成しうることを、アンデス文明は教えている。

サマルカンド

世界の屋根といわれるパミール高原を南に見て、西域北道を西に抜けると、西トルキスタンに至る。西トルキスタンは、東トルキスタンとともに、ユーラシア大陸を東西に延びる広漠とした乾燥地帯で、至る所に砂漠がある。西トルキスタンの代表的な砂漠は、キジル・クム砂漠とカラ・クム砂漠である。このキジル・クム砂漠を挟むようにして、アム川とシル川がアラル海に流れる。両河川の間には、パミール高原から流れキジル・クム砂漠の中に消えていくザラフシャン川があり、そこから運河によって取水し、古来、オアシス都市がつくられてきた。サマルカンドも、そういうオアシス都市の一つである。

サマルカンドは、ビビハニム・モスク、グル・アミール廟、シャーヒ・ズィンダ群廟、アク・サライ宮殿、二つのメドレッセ（学堂）など、青を基調としたイスラム建築群で占められ、〈青の都〉とも呼ばれている。レギスタン広場にあるバザールは、多くの果物をはじめ豊富な食糧や物資で賑わう市場で、かつての賑わいを今も偲ばせる。

この〈中央アジアの真珠〉とも言われるサマルカンドは、十四世紀、アジアの一大英傑、チムールが再建した都市で、チムール帝国の首都であり、シルクロードの一大中継都市であった。再建前の旧サマルカンドは、今のサマルカンドの北方に接したアフラシアブ遺跡として残っている。一二二〇年、サマルカンドがチンギス・ハーンに征服された際に、モンゴル軍によって破壊され、廃墟と化したのである。モンゴル帝国はその後分裂するが、チムールは、このモンゴル帝国の復興を目指して、中央アジア、西アジア一帯に帝国を築き、チムール朝文化を開いた。

チムールのサマルカンド再建で特筆すべきことは、灌漑施設の整備によって農業生産をあげたこと、と同時にバザールを拡張、交通路を整備し、公共宿泊施設を建設して、商業の発展に心掛けたことであろう。サマルカンドは、このようにして東西の物産に溢れる一大交易都市となり、未曾有の繁栄を謳歌したのである。この時代にチムールに拝謁したスペインの使節、クラヴィホは、『チムール帝国紀行』の中で、サマルカンドの豊かさ、賑わい、高度な文化、技術などについて称賛している。

中央アジアは、世界でも有数な乾燥地帯である。オアシス都市群があるソグディアナの地も、ほとんどが砂漠、または半砂漠である。だから、これらの都市は、砂漠に河川から水を引いて灌漑し、耕地を開拓する以外に、豊かな農業生産を可能にする方法はなかった。現に、どのオアシス都市も、至る所、灌漑が施され、水路が網の目のように通っている。西トルキスタンの諸都市の多くは、主に、峻厳な山脈からの雪解け水を湛えた河川から取水することによって成り立つオアシス都市なのである。

逆に言えば、オアシスを経営し農業を営むことによって人口の保養ができるのだから、砂漠地帯は必ずしも農業に不適なのではないことになる。河川から取水することのできない山辺りでは、自然の湧水やカナートといわれるトンネル式の地下水路を利用し、灌漑し、豊富な小麦や大麦、果実を育てた。砂漠も、灌漑すれば肥沃な耕地になる。オアシス都市は、砂漠の人たちが作った人工緑地帯なのである。「水なきところに命なし。水あるところに命あり」と言われるように、褐色の砂漠は不毛であるが、緑のオアシスは恵みである。砂漠はオアシスなのである。乾燥地帯は、砂漠というよりオアシス地帯と考えるべきであろう。

灌漑によって引いてきた水は、また、家畜のよい水場ともなり、牧草地もつくった。そこでは、ラクダをはじめ、馬や牛、山羊や羊が育てられた。しかも、このうちラクダは、好都合な移動や運搬手段になった。これが、物品の交換を促し、長距離交易が発達、商業が発展し、都市文化ができた。ソグディアナばかりでなく、アフロ・ユーラシアの乾燥地帯には、このようにして発達した農耕・牧畜・商業によって成り立つオアシス都市が数多くある。

砂漠は、そこを往来するキャラバンの交易路であり、交通路としてすぐれていた。砂漠を介してオアシス都市とオアシス都市を交通路で結べば、すぐれた交易ネットワークをつくることができた。シルクロード交易圏は、このようにして出来たのである。乾燥地帯を結ぶオアシス都市交易ネットワークで交易されたものは、必需品ばかりでなく、金、銀、銅、絹、宝石など遠隔地からの奢侈品も含み、巨大な利益を生んだ。オアシス都市は、交易の拠点であり、商業・運輸の要衝なのである。この商業経済の発達によって都市は栄えた。砂漠は障害ではなかった。

オアシス都市で営まれる農耕も牧畜も交易も、自然環境の制約を乗り越える人間の能力によって営まれる生業である。人間は、文明を生み出して以来、自然環境に積極的に働きかけ、これを改変してきた。オアシス都市の景観は人工的景観であり、作り変えられた環境であり、創造された環境なのである。豊かな水源は砂漠を緑に変え、農業・牧畜・交易を可能にし、都市をつくってきた。オアシス都市の緑も歴史的産物なのである。人類は、砂漠を開拓してきたのである。だから、オアシス都市は砂漠の中に生れる。文明はオアシスに起源する。

七、八世紀頃、ザラフシャン川流域のソグディアナの諸都市は、どれも東西交易によって繁栄していたが、その都市国家連合の盟主を任じていたのがサマルカンドであった。当時、インドへ仏典を求めて旅をした玄奘も、唐で〈康国〉と言われたサマルカンドを訪れている。そして、『大唐西域記』で、ソグディアナの諸国は、康国を中心として住人多く、異方の宝貨がこの国に集まり、土地は肥沃で樹木や果実が豊かであると言っている。旧サマルカンドの遺跡、アフラシアブの宮殿跡から発見された壁画にも、中国や朝鮮からの使節なども描かれ、当時の交易圏の広さと繁栄を物語っている。

ソグド商人は、サマルカンドを中心に、この東西の通商に活躍、八世紀頃までのシルクロード交易をほぼ独占していた。ソグド商人が東の唐から西のアラビアに売っていたものは、絹、香料、薬、玉、陶磁器など様々である。また、ソグド商人が西から東へ運んだものは、宝石、ガラス製品、果実や野菜の種、葡萄酒、小麦粉、毛織物、絨毯、楽器など様々である。突厥が絹織物を唐から東ローマに輸出する仲介をしたのも、ソグド人であった。製紙法を、唐からサマルカンドを通ってバクダードにもたらしたのも、ソグド人であった。

また、ソグド人は、ユーラシアの各地、特に西域や中国本土に居留地を設け貿易に携わったから、その能力に応じて、外交、政治、軍事、官僚、学問や宗教など文化の領域にも活躍した。唐代初期の国際文化は、主に、オアシス路を渡ってやってきたソグド人によってもたらされたものである。ソグド人は、ユーラシアの東西さらに南北をも結ぶ重要な役割を果たしていた。その東西南北を結ぶ交通の要衝がサマルカンドだったのである。

交通や交易は、環境の制約を克服し、文明間相互作用を可能にする。交易路は、アジアの中心部に位置する乾燥地帯に点在するオアシス都市を縦横に結び、ユーラシア大陸の東西南北を結合した。サマルカンドなどソグディアナのオアシス都市は、そのようなユーラシアの文明ネットワークの結節点であり、シルクロードの結び目として繁栄したのである。それぞれの文明は孤立して存在していたのではない。各文明は互いにつながり、相互に結びついていた。その結びつける役割を果たした商業民など移動民の文明交流に寄与した業績は大きい。

技術によって、生きられる環境の範囲は広がり、交易によって、気候風土を越える活動が可能になる。技術や交易は、環境の制約を乗り越え、環境の新しい意味を創造していく。

サマルカンドをはじめ多くのオアシス都市が点在するソグディアナの地は豊かな土地であったから、昔から、北方の草原の道の遊牧民からも、南方の諸帝国からも争奪の的になり、ソグディアナの支配者は目まぐるしく変転していった。紀元前六世紀半ばから十四世紀後半まで、二千年余り、アケメネス朝ペルシア、アレキサンダー帝国、パルチア、ササン朝ペルシア、アラブ・イスラム、トルコ・イスラム、モンゴル帝国、チムール帝国と、支配者は入れ替わっていった。また、それに応じて、ソグディアナの各都市が信仰する宗教も変わり、重層化していった。

現在、ソグディアナの属するウズベキスタン共和国の宗教は、ほとんどがイスラムである。これは、七世紀中頃からアラブ・イスラム、その後トルコ・イスラムに支配されて以来のことである。その後侵入してきたモンゴルなど騎馬遊牧民も、順次イスラムに改宗していった。チムールもイスラムを信奉し、多くのモスクや廟を建てた。

イスラムは砂漠の宗教ではなく、都市の宗教であり、商人の宗教である。商業と都市によってつながるユーラシアの乾燥地帯を主にイスラムが支配することになったのは、このイスラムの性格による。イスラムの信仰を堅持し戒律を守っていれば、それが商業倫理を保証し、商取引が上《う》手《ま》くいった。決済も、遠隔地でも簡単にできた。信用経済をイスラムが保証していたのである。人・物・情報の移動や伝播を担い砂漠を往来していた隊商を、イスラムの信仰が支えていたことに注目しておかねばならない。

とはいえ、中央アジアのイスラムの土壌に聖者崇拝や呪術的な利益祈願があることに留意するなら、中央アジアのイスラム信仰の低層流には、イスラム以前のゾロアスター教の余韻が残っていることに気づく。特に西トルキスタンの人々がゾロアスター教を信仰していたのは、アケメネス朝ペルシア以来長くに渡る。ただ、ソグディアナで信仰されていたゾロアスター教は、イラン本土のゾロアスター教からは少し異質だったようである。西トルキスタンで発掘されている遺跡から出土する壁画や納骨器から判断すれば、ゾロアスター教の最高神アフラ・マズダーばかりでなく、ライオンの背に乗る四つの腕をもったメソポタミア由来のナナ女神や、インド由来のシバ神も信仰されていた。

さらに、東ローマで禁止されたネストリウス派のキリスト教も、ソグディアナを通過して中国にまで広がっている。ゾロアスター教、仏教、ユダヤ教、キリスト教などの教えを折衷した混合宗教、マニ教も、サマルカンドなどのオアシス都市では信者をもっていた。南ウズベキスタンのテルメズの立派な仏教寺院跡、カラ・テペ遺跡を考慮に入れるなら、ウズベキスタン南部にまで大乗仏教が広まっていたことは明らかだが、サマルカンドをはじめソグディアナにどの程度仏教が広まっていたかは確定できない。

ソグディアナの地には、メソポタミア文化、ペルシア文化、キリスト教文化、ヒンズー文化、イスラム文化などが、重層的に折り重なっている。ソグディアナの地は文明の十字路であり、国際商業の拠点だったからである。

とすれば、文明の成立条件は四つに絞られる。灌漑によってオアシスを造り農業生産をあげること、牧畜によって運輸交通手段を確保すること、交易と商業システムを確立すること、そして、宗教をもつことに集約される。

都市文明は、メソポタミアでも、サマルカンドなど中央アジアでも、砂漠または半砂漠に小規模のオアシスを造ることから始まった。オアシス造りは人間の技術であり、人工的なものである。人類は、いわば砂漠の緑化によって文明を築き上げてきたともいえる。しかし、これは中小河川でもできる。だから、アフロ・ユーラシアの乾燥地帯を広く見れば、大河がなくても、多くの都市や帝国はつくられてきたのである。ユダヤ教やキリスト教、ゾロアスター教やイスラム教や仏教なども、乾燥地帯を舞台にして形成されてきた。

砂漠にこそ文明は誕生する。文明は環境の改変能力だからである。

風土論再考

よく知られているように、和辻哲郎は、『風土』（第二章）で、ユーラシア大陸の文化圏を気候帯によって分け、日本、中国、インドなど東アジアや南アジアをモンスーン的風土、アラビアをはじめとする西アジアを砂漠的風土、ヨーロッパを牧場的風土と三類型を立て、そこで生活する人間の気質や性格を特徴づけた。湿潤な気候のモンスーン的風土では人間性は受容的・忍従的となり、砂漠的風土の乾燥地帯では戦闘的・服従的となり、湿潤と乾燥の中間の牧場的風土では合理的・規則的となると考えた。

この風土論によれば、モンスーン的風土では、夏の季節風が極度な暑熱と湿気をもたらし、自然は恵み豊かであるとともに猛威を振るう。そのため、そこに住む人間は対抗的ではなく受容的になる。また、この湿潤なモンスーン的風土と人間の構造は、地域ごとに特殊な形態をとる。その一つ、日本では、例えば台風に象徴されるように、季節性と突発性、〈しめやかな激情〉というような人間的性格が読み込まれる。また、中国（シナ）では、茫漠たる大陸と容易に感情を動かすことのない茫洋たるシナ人の性格が並べられ、これが空漠たる単調として特徴づけられる。インドでは、耐えがたい湿気と植生の繁茂から、インド人の生命感の横溢や想像力の豊穣が導き出され、大規模な洪水や飢餓から、人間的意力の弛緩、戦闘性や歴史的感覚の欠如が導き出される。しかし、モンスーン的気候とそこに住む人間的気質とを無媒介に結びつけるのではなく、両者の間に技術や交易など生業の媒介項を入れて考えるなら、モンスーン地帯の人々も必ずしも受容的・忍従的ではなくなるであろう。

例えば、高温多湿で水の豊富な気候を利用して営まれる日本の農業でも、確かに自然を受容しそれに従うことは大切なのだが、同時に、それを制御し自然の猛威を防ぐ手立ても必要であった。堤防を建設し灌漑設備を整えるためにも、多大な土木作業をしなければならなかった。また、開墾による山林の乱開発によって洪水が頻繁に起きたため、それを防ぐための植林もしなければならなかった。森林の多い日本の風土も、人間の努力によってつくられてきたものなのである。日本文明の歴史的変遷を考慮に入れるなら、日本の歴史はまた環境を改変してきた歴史でもある。古墳時代の古墳築造や飛鳥白鳳時代の寺院建築や土木事業でも、盛んに森林は伐採された。中世や近世の貨幣経済の発達による新作物の栽培、新田開発などでも、旺盛な開墾が行なわれてきた。その点では、大規模な治山治水を行ない運河を築いてきた中国も同様である。ただ、中国と日本ではそのやり方が違うだけで、自然の制御の努力という点では同じである。まして、日本でも中国でも実行された近代の工業文明の導入は大幅な環境改変をもたらし、風景も一変した。

さらに、和辻も言っているように、〈モンスーン〉という言葉はアラビア語の〈季節〉を意味する言葉である。しかし、アラビア人がモンスーンという言葉ですぐに思い出すことは、それが季節風つまり貿易風だということである。アラビア人は、この季節風を利用して、インド洋をダウ船で移動、定期的に各地の物産を運び、盛んな商業を営んだ。そこでは、極度な暑熱や湿気ものともしないアラビア人の商業魂が発揮された。交易という生業が、砂漠地帯とモンスーン地帯を結びつけ、相互乗り入れを可能にしたのである。

同じことは東アジア海域でも言えることで、東シナ海や南シナ海の沿岸部の海洋民は頻繁に航海に出かけ、東西南北の気候風土でそれぞれ違う産物を交易した。このモンスーンを利用した貿易によって、東アジア海域もインド洋も一つに結びつけられ、繁栄がもたらされたのである。和辻は、東南アジアを論じるときに、自然が温暖すぎて食物が豊富すぎたために、ボロブドゥール寺院以外に大した文化を生まなかったと、間違った判断をした。これは、東南アジアの人々が盛んに海上交易を行ない、インドの豊穣な文化を取り入れていたことを無視したためであろう。

ユーラシアのモンスーン地帯は巨大な海上交易圏とみなければならない。そこで活躍した海洋民は受容的・忍従的ではなく、積極的で進取の気性に富んでいたのである。交易は、気候風土の異なるところで生産される物産の交換であり、環境の制約を乗り越える働きである。だから、ここでは、海は障壁ではなかった。季節風や海流を巧みに利用した交易民が、海を交通路と化したからである。

現代の工業化社会や情報化社会になれば、アジアの人々の生活様式も大きく変わり、農業の機械化や交易や交換の高速化、通信の情報化などによって、環境の制約は大幅に乗り越えられ、もはや湿潤な気候風土とか受容的・忍従的性格というようなことは言ってはいられなくなる。

和辻は、砂漠的風土も人間の在り方として取り扱っている。尖った荒々しい岩山や瓦礫の原、この生気のない不毛地では、自然が過酷であるために、人間は自然との戦いを強いられ、自然と敵対的関係になる。そこから、砂漠的人間の特性として戦闘性が抽出され、アラブ人の戦闘的・服従的性格が取り出される。また、神への絶対服従を説くユダヤ教やキリスト教やイスラム教の一神教にも砂漠的性格が読み込まれ、それらは砂漠的人間の所産だとみられる。

しかし、砂漠は実はオアシスである。砂漠の人々は、山岳地域から流れ出る河川の雪解け水を利用した運河やカナートなどの地下坑道を利用した水利施設によって、人工灌漑を施し、砂漠を緑化、オアシスをつくり、小麦や果樹など豊かな農業生産をあげてきた。極度に雨量の少ない乾燥気候でも、農業は可能であった。人工的に灌漑を施せば、果てしない砂の海も緑のオアシスに変わる。オアシス造りは自然の改造である。砂漠に点在する無数の緑地帯は、人間によって創造された自然なのである。ユーラシア大陸の乾燥地帯の歴史的発展はオアシス造りによる。砂漠は、われわれが考えるよりも豊かな創造力をもち、不毛ではない。乾燥地帯は、砂漠というより、オアシス地帯と考えるべきであろう。

オアシスは、また、農業ばかりでなく牧草地にも利用されたから、そこで羊や山羊、ラクダなどの牧畜が行なわれた。特に、ラクダは物の運搬に使われ、物産の交換を促進した。こうして、砂漠地帯では、オアシス都市群を結ぶ遠隔地交易、キャラバン交易が発達した。オアシス都市は交易の要衝であり、隊商が行き交う商業都市としても繁栄したのである。ユーラシア大陸の乾燥地帯を結ぶ巨大な東西交易のネットワーク、シルクロードはこのようにして成立した。それは、人、物、情報が盛んに移動し、交換され、伝播する網の目のような交通路であった。交易によって砂漠は交通路と化し、障害ではなくなった。七世紀以後のイスラムの隆盛の背景にも、このユーラシア大陸の商業ネットワークがあった。

考えてみれば、同じ砂漠地帯に起きたメソポタミアのシュメールの都市文明も、灌漑技術の発達と商業・交易の発達によって起きてきた。さらに、それは、バビロニア、アッシリア、ペルシア、イスラム、モンゴルと、大帝国へと発展していった。これらはすべて砂漠や乾燥地帯で生まれた帝国である。砂漠こそ文明を生み出す。砂漠という乾燥地帯に、人為による農業、牧畜、商業が発達し、都市が出来、帝国にまで発展したのである。確かに、帝国の拡大期には人々は戦闘性を発揮したが、帝国の安定期には商業や都市が発展し、平和は保てた。物を交換すれば、奪わなくてよかったからである。このような平和のもと、中世のイスラム圏では、宗教も芸術も学問も繁栄を謳歌した。アラビア文化である。このユーラシア大陸の乾燥地帯が生み出した文明は、戦闘性と服従性だけからは解けない。

和辻は、ユダヤ教、キリスト教、イスラム教など一神教は砂漠的人間の所産であり、砂漠の恐怖と戦闘性・服従性から生まれたものと考えている。しかし、砂漠だから一神教が生まれるわけではない。砂漠地帯の西アジアのほとんど、シュメール、バビロニア、アッシリア、ペルシアは、どれも多神教であった。キリスト教やイスラム教の源泉であるユダヤ教の一神教がなぜ生み出されたのかは、むしろ、軍事力も政治力も弱く、戦闘性をもたなかった古代イスラエル人の苦難と忍従、精神的緊張というような歴史性の方から考えねばならないだろう。神への服従を説くイスラム教も商業倫理を説く宗教であり、商業規範への服従を求める商人や都市の宗教であった。これも歴史性から考えるべきであろう。イスラムは砂漠の宗教ではない。

キリスト教や大乗仏教は、紀元後一、二世紀、シリアや北西インドの砂漠、乾燥地帯を背景に生まれている。罪ある者こそ救われるという神の愛を説いたキリスト教も、煩悩に悩む衆生こそ救われるとして仏の慈悲を説いた大乗仏教も、砂漠的というよりオアシス的で、湿潤を内包している。なぜ高度宗教が砂漠に生まれたのか、このことを考えるためには、その誕生地が多くの交通路の交錯する交通の要衝であり、そこで諸文明が出会い、衝突と抗争、混交と融合が繰り返されたからであろう。文明の十字路にこそ、創造的なものが生まれる。

砂漠や乾燥地帯の文化を理解するには、農耕文化と牧畜文化の闘争と共生、遊牧民と商業民の争いと共存、戦闘性と商業性の対立と融和の両方を考えねばならない。これら乾燥地帯の相対立する文化が、ときに共存し、ときに争い、歴史をつくってきたのである。乾燥地文化は、ステップと砂漠、砂漠とオアシスの二重性からとらえねばならない。

一方、和辻は、ヨーロッパの風土を牧場的風土と言う。牧場的風土では、気候は湿潤でもなければ乾燥でもなく、湿潤と乾燥の中間にある。そのため、夏でも夏草は茂らず、雑草との戦いが不必要である。冬は丈の低い冬草に覆われるか、麦の緑が目立つ。ヨーロッパの自然は、モンスーン的風土ほど恵み豊かではないが、砂漠的風土ほど過酷でもなく、制御しやすい。自然の脅威も少なく、自然の方が人間に従順である。

このような従順な自然からは、容易に自然の法則性や規則性を発見することができ、合理的理性が育つ。明朗な自然は、古代ギリシアの幾何学的精神や比例を重んじる芸術や学問を生み出し、人々を形の認識に向かわせた。この合理的思考が古代ローマの技術に引き継がれ、そこからヨーロッパ人は人工を喜び合理性を尊ぶ精神を学んだ。さらに、北部ヨーロッパの気候の陰鬱さは、ギリシアの明朗な幾何学的空間に無限の広がりをもたせ、近代科学の抽象的自然法則への志向を生み出した。理性による自然の支配という近代ヨーロッパ文化の性格は、こうして成立したという。

しかし、和辻の言うヨーロッパの牧場的風土は、和辻も認めているように、つくられたものである。ヨーロッパの自然も、もとは暗い森に覆われた恐ろしい自然で、鬱蒼とした森には人を脅かす精霊が住んでいるとさえ思われていた。決して、制御しやすいものではなかった。それを制御しやすくしたのは、開墾による。中世以来、ヨーロッパ人は盛んに森林を伐採し、そこを農場や牧場にし、小麦や果樹を育て、羊や山羊を放牧した。ヨーロッパの自然風土は、わが国で言えば、開拓によってつくられてきた北海道の自然風土に近い。ヨーロッパは、合理的・人工的な自然改造の思想から従順な自然をつくってきたのであって、従順な自然から自然の合理的支配の思想を生み出してきたのではない。

さらに、ヨーロッパも、南欧、中欧、北欧とそれぞれ気候風土も違い、産物も様々であったから、それらの交易が時代を追うに従って盛んになる。特に船を使った海上交易は遠隔地交易を可能にし、商業が発達、これが、ギリシア・ローマ以来の地中海の海上交易の伝統とも重なり、近世ヨーロッパ人の大航海に至る。この世界の海へ雄飛する航海者としての近世ヨーロッパ人の拡大精神は、ヨーロッパの従順な自然から導き出せるものではない。その逆である。近世ヨーロッパ人の旺盛な開拓精神は、もともと遊牧民であったゲルマン人が海に出てヴァイキングになったことから考えねばならない。

技術は、道具や機械を媒体にし、環境に対して積極的に働きかけ、これを加工する環境改変能力である。人間は、鳥が巣を作るように、技術によって自己の住む環境をつくってきた。技術は、われわれに、環境の新しい相貌をもたらす。交易もまた、環境の制約を乗り越える人間の働きであり、業である。われわれは、それぞれに違った環境で生産される物を交換することによって、自己の住む環境では手に入れられないものを手に入れることができる。その物の運搬のためにラクダや船が使われ、交通路が開かれる。このことによって、海や砂漠は交通路に変わる。農業や鉱業、商業や工業など人間の生活様式を、自然と人間の間を媒介するものとしてみるなら、人間の生活様式によって自然環境の構造や意味が変えられていくことが分かる。そして、そのような人間によって作り変えられた環境、それが風土というものではなかったか。

なるほど、環境が文明を規定する面は見逃せない。近代社会から遡って農牧社会に近づけば近づくほど、人間は自然条件に左右される。しかし、同一の環境でも、人間の反応は様々であり、人間は自然環境に完全に支配されているわけではない。人間が、環境を規定している面も見逃すことはできない。人間は、自らが住む独自の環境世界を自然環境から選び取り、それに積極的に働きかける。動物一般がそうなのだが、人間は環境によってのみ形成される受動的存在ではない。人類は、自然によって選択されるというより、自然を選択している。

人間の文明は自然環境の改変能力に根差し、歴史が進展するとともに、人間はその改変能力を大幅に増大させてきた。人間は、道具を発明し、技術を開発し、物や情報の交換を促進して、環境をつくってきた。われわれが住む地形や景観は、すでに歴史的に形成されてきた人為的環境である。この生きられる環境、文化的環境、歴史的環境、それが風土である。

環境は人をつくり、人は環境をつくる。人間は環境によってつくられるとともに、環境をつくる。その人間と環境の相互作用から、人間は文明を生み出してきた。人間は、環境に制約されながらも、環境の制約を乗り越えてきたのである。人間は、環境に対して受動的であると同時に能動的である。自然環境と人間の間の関係を考えるなら、人間と自然は相互限定的なものだと考えねばならない。

地理と歴史も相互限定的である。地理は歴史的であり、歴史は地理的である。しかも、この歴史化された地理、それが風土というものであろう。植林された森林、灌漑が施された田園、物や情報が交換される都市、物が運ばれる道路、国境、これらは、地理と歴史の相互限定から形成されてきた歴史的景観である。そこに本来の風土概念がある。

農牧革命や都市革命、商業革命や産業革命など、文明の飛躍もそこから起きる。人類の歴史は、文明と環境の相互作用の軌跡である。環境と人間との相互作用を通じてどのように自己を発展させてきたのか、そこに人類史というものがある。このような文明と環境の相互限定から、文明も環境も変わっていく。だから、風土は変化する。文明の飛躍とともに風土も変化してきたのである。変わらずにそこにあるものではない。

われわれ人類の営みを、自然環境の側から一方的に規定されているものとして説明する環境決定論は誤りである。環境決定論は、歴史の創造性を説明しようとする場合には無力である。和辻の風土論には、気候風土とそこに住む人間の気質を直接結びつけて考える環境決定論的な記述がある。特に『風土』（第二章）の記述では、それが目立つ。しかし、技術の開発や交易など、自然条件を決定的な制約とは感じなくなる人間の行為があることを考えれば、気候風土と人間の気質を直接結びつけることはできないであろう。人間の気質も、発明や発見など人間の行為によって変わりうる。環境の中に環境を変える行為主体が存在する限り、環境は全面的に行為主体を限定することはできない。

人間が環境を変えていくということがなければ、歴史というものはなかったであろう。人間はむしろ環境を創造してきた。そして、この人間の行為によってつくられてきた環境、人間的環境、これが本来の風土であった。

和辻も、『風土』（第一章）で、歴史性と風土性の相即について語り、歴史的性格をもった風土性を主張していた。風土とは、人間と自然の間に働くものであり、人間化され主体化された自然である。それは、主体的な人間存在の表現であり、〈生きられる空間〉である。単なる自然科学的な自然ではない。真の風土概念を回復するには、『風土』（第一章）の人間存在の風土的歴史的性格を解釈学的に記述した理論に戻らねばならない。

6　人間について

「アンティゴネー」と「寺子屋」

古代ギリシアの紀元前五世紀頃成立したソフォクレスの『アンティゴネー』は、そのころ制作された数多いギリシア悲劇の中でも屈指の代表作である。

テーバイの攻防戦で、前王オイディプスの二人の息子、エテオクレスとポリュネイケスは王位継承を巡って争い、一騎打ちの末、相討ちして果てる。それを機にテーバイの王位に就いた叔父クレオンは、祖国に弓を引いた反逆者ポリュネイケスの埋葬を禁じ、これを破る者があれば死刑に処すという布令を出した。妹のアンティゴネーは、これを不服とし、禁令を犯してポリュネイケスの埋葬を試みる。しかし捕らえられて、生きながら岩屋に閉じ込められ、自ら死を選ぶ。彼女の許婚《いいなずけ》だったクレオンの息子ハイモンも、父との論争の末、彼女の後を追って自殺する。王妃エウリュディケーも息子の後を追って自死し、クレオンは一人残され悲嘆に暮れる。

戦争の現実をなお引きずっているクレオンにとって、国の掟はすべてであり、国を滅ぼそうとした者を葬らずにおくことは地上の法に適《かな》っていた。クレオンは、人の法を代表している。一方、アンティゴネーにとっては、地上では敵味方に分かれようが、兄弟は兄弟、それを葬ることは妹の役割と考えた。兄の屍が地上に曝され禽獣の餌食になることが、妹には耐えられなかったのである。生まれによって結ばれた家族の愛は冒しがたく、それは神々が定めた正義であるというのが、アンティゴネーの信念であった。彼女にとっては、生きた人間が作った法よりも、文字に書かれていない古い法こそ永遠である。国の正義より地下の正義を奉じるアンティゴネーは、地の法を代表している。地の法からみれば、地上の死すべき者の法は空しい。

クレオンとアンティゴネーの対立を主題とするこの悲劇は、人の法と地の法の抗争から皆が没落していかねばならない運命にあることを描いたものである。クレオンは、国家の秩序への忠誠と敵味方の裁然とした区別が、地上においてばかりでなく、冥府においても守られるべきだと考える。それに対して、アンティゴネーは、血族への自然の愛から、死者の埋葬こそ残された女たちの神聖な義務だと考え、死を賭して兄の埋葬を決行する。クレオンがどこまでも守ろうとする国法に対する義務と、アンティゴネーが兄の亡骸に対して感じている血族としての義務、この二つの義務の葛藤を極限まで突き詰めていくのが、この悲劇である。だから、これは、ヘーゲルが『精神現象学』で言っているように、国家の法と家族の法の対立、国の掟と神の掟の対立ととらえてよいであろう。この人の法と地の法の対立が、さらに男と女、父と子の対立などに発展し、その対立の中で、人間は引き裂かれ苦悩しなければならないというのが、この悲劇の語ろうとするところである。

したがって、この悲劇では、人の法と地の法がそれぞれ男と女の演じる役割として配分され、男性原理と女性原理の抗争としても描かれている。アンティゴネーの倫理感覚は、明らかに女性的なものである。血族の中の死者、特に戦場で死んだ男たちを葬り供養することは、特に女性の義務であった。彼女は、兄の埋葬を行なうことによって、女として、男の義務体系に挑戦したことになる。この人間存在の対立は、それほど簡単に宥和できるものではない。

人の法と地の法の対立は、男と女の対立ばかりでなく、同じ女性の姉妹の対立としても表われている。この悲劇の序幕のアンティゴネーとその妹イスメネーの対話にあるように、彼女は兄の埋葬に妹の協力を要請するが、妹はクレオンの禁令と死を恐れて断る。そのため、彼女は、妹の協力なしで埋葬を行なおうと決断する。そこから、姉妹の一体感は破れ、アンティゴネーの孤立が始まる。妹は生きる方を選び、姉は死ぬ方を選ぶ。姉妹の分裂が生死の分裂にも発展していったのである。

人の法と地の法の対立は、父と子の対立としても展開される。クレオンの息子ハイモンは、アンティゴネーを処刑しようとする父親の暴挙を諫めるが受け入れられず、彼は、アンティゴネーの後を追って自刃し、岩屋の中で彼女の死骸を引き寄せる。彼らが自決した岩屋は冥府への入り口でもあったが、同時に、この世では実現できなかった祝言の館でもあった。愛は死によってしか成就しなかったのである。

死者の埋葬は冥府の神々の掟である。クレオンは、この地の法を自らの禁令で破壊した。遺体を埋葬せず野晒しにすることは、たとえ敵であっても、冥府の神々への反逆であり罪であった。

それに対して、血を同じくする者は愛し合わねばならない、たとえ人の世で罪を犯した者でも、同じ母から生まれた兄弟の遺体は手厚く葬らねばならないというのが、アンティゴネーの信仰である。彼女が兄の亡骸にかけた土は、地の法の象徴であり、血の愛の象徴であった。人間は、埋葬という行為によって、自らが大地の懐《ふところ》に還り、大いなるものに帰一することを表現する。ここでは、地上の争いも罪悪もすべて消滅する。

アンティゴネーは、最初から死を覚悟し、死を選び取っている。彼女の死者の国への想いは深い。死ねば死者の国に眠る父母や兄弟に会えるのだから、若くして死ぬことは得だという。アンティゴネーの死への願望は止み難く、彼女の行動は死者への愛と死への愛に貫かれている。ハデスの住む死の国は永遠の秩序である。しかも、ハデスは、すべての生者を食い尽くす。実際、アンティゴネーをはじめその兄弟、クレオンの息子や妻も、この悲劇ではともに死の国に導かれていく。大地はあらゆる生命がそこへ還っていく冥界でもあった。

アンティゴネーが自害することによってしか父母兄弟のもとへ行けなかったのは、クレオンが彼女の処刑方法を人跡稀な洞窟での幽閉に変更したからである。そのため、生きながら洞窟に閉じ込められたアンティゴネーは、もともと石打の刑で死ぬことを望んでいたのに、死ぬことさえできなくなった。洞窟は、地下の冥界に通じる墓でもあったのだが、彼女は生きながらこの墓に閉じ込められ、生者の中にも死者の中にも入れなくなる。この悲劇は、生と死の対立の悲劇でもある。アンティゴネーは、この生と死の間に立たされ、生きながら死に面する境遇に置かれてしまったのである。ここに、アンティゴネーの絶望と孤独がある。かくて、アンティゴネーは、何ゆえ神に見捨てられてしまったのかと感じなければならなかった。神々のどのような掟を破ったのであろうか、もはや神々のご加護を頼むのも無用という心境に達する。アンティゴネーが自らの命を断つしかなかったことの背景には、このような彼女の絶対的な孤絶があったのである。

アンティゴネーが退場するときに音楽とともに唄う哀歌も、この世からも神々からも見放された孤独感を語っていて余すところがない。嘆いてくれる愛しい人も一人もいない、心の通じる友もいない、婚礼の歌も行列も祝ってはくれなかった、花嫁にもなれず、子ももてず、母にもなれなかった、自分の運命を誰も哀れんではくれないという。この歳若い女性の唄う哀歌は痛切を極める。こうして、彼女は自分自身で埋葬の儀式を行ない、死出の旅に赴いたのである。それは、アンティゴネーの運命であった。

人の法と地の法の対立は様々な分裂を招き、その分裂ゆえに人間は破滅していかねばならないが、この調停することのできない対立の上にただ運命だけが支配しているというのが、この悲劇の世界観である。だから、運命は、地の法を代表するアンティゴネーにも、人の法を代表するクレオンにも同時に降りかかり、両者とも、この避けることのできない運命に追い詰められていく。アンティゴネーは、父親を殺し母親を娶ったオイディプスの原罪を背負っている。この王家が背負う運命ゆえに、彼女は辛酸を舐め死ぬ以外になくなる。クレオンも、息子を失い妃を失って破滅するという耐え難い運命に支配されている。息子の遺骸を腕に抱いて登場したクレオンも、最後にはわが日の終わりを望んで退場する。天が定めた過酷な運命の前では、人は苦難に遭い、滅亡していかねばならない。人間は、運命の前では無力である。人の法と地の法の対立矛盾の上に、運命という天の法が歴然と働いているという真実を凝視しているのが、この古代ギリシアの悲劇なのである。

わが国の人形浄瑠璃や歌舞伎で演じられる『菅原伝授手習鑑《すがわらでんじゅてならいかがみ》』の四段目の切り「寺子屋」も、それぞれの登場人物の中で人の法と地の法が矛盾葛藤し苦悩していかねばならない悲劇を描いている。

菅原道真は、左大臣藤原時平の讒言《ざんげん》によって、九州大宰府に左遷された。道真から筆法伝授を受けている武部《たけべ》源蔵《げんぞう》は、道真の一子、菅秀才をわが子として育て、京の北山、芹生《せりょう》の里で寺子屋を営んでいる。ところが、時平方の菅一族への詮議は厳しく、源蔵は、止むを得ず、その日寺入りした小太郎という子を秀才の身替りにすることにした。そして、検分に来た松王丸に、その首を差し出す。松王丸は、その首を、菅秀才に相違ないと認めて帰る。しかし、実は、その小太郎こそ、松王丸とその妻千代との間に生まれた子であった。戻ってきた松王丸夫婦は、道真への恩に報いるため、わが子を身替りにすべく寺入りさせた苦しい胸の内を述べる。源蔵夫婦と松王夫婦は涙に暮れながら、小太郎の葬送を行なう。

源蔵が、わが子同然の寺子屋の弟子を身替りに立てようとまで決心しなければならなかったのは、ひとえに彼が道真に恩義を被《こうむ》っているうえに、時平の詮議がことの他厳しかったためである。源蔵は、この二律背反に追い詰められていった。松王にとっても、道真は、父を取り立て、自分の名付け親にもなってくれ、時平の舎人にも斡旋してくれた恩人であった。ところが、時平と道真が政敵になってしまったために、松王は、一人だけ敵側に立たねばならなくなった。そのため、世間から、道真の恩義を忘れた裏切り者と白眼視されるようになったのである。そこに、松王丸の孤独と悔しさがあった。しかし、内心ではなんとか菅秀才を救いたいと思っていたのである。菅秀才は松王一家皆の恩人の子なのだから、義理を果たすにはわが子を身替りに立てるしかない。そういう苦しい決断をしなければならなかったのは、そのことによる。「せまじきものは宮仕えじゃなぁ」という松王の台詞は、その苦衷を語っている。

こうして、松王は、自分で用意したわが子の首を実検しなければならないという残酷な場面に突入せざるを得なくなる。松王は、首実検では、絶対の矛盾に面している。これは、人の法と地の法の矛盾からくる悲劇なのである。菅秀才の首に違いないという松王の証言は、道真への恩義からの発言であるから、人の法に基づく。しかし、実際にはわが子の首なのだから、そこには、地の法からの切ない叫びがある。主従関係を守るためには、親子関係も犠牲にしなければならない。愛し合う肉親や家族とも別れねばならない。そのような義と情、人の法と地の法の矛盾が、登場人物たちの心を引き裂いていく。

松王も人の子の父親である。松王は、大義のためには心を鬼にしてわが子を犠牲にした。しかし、若君の御身替りだと言い聞かすと、小太郎は得心して潔く首を差しのべ、にっこり笑って首討たれたという。そのことを源蔵から聞き及んで、ついに松王は、子を失った悲しみに声をあげて泣く。

松王女房千代の悲嘆もはかりしれない。わが子を寺入りさせた後、ちょっと隣村まで行ってきますと言って、小太郎と別れるが、小太郎は、冥土の旅への寺入りと虫が知らせたのか、名残惜しさに母の袖を摑《つか》んで後を追った。それを叱った千代だったが、いかにも心が残るように、何度も何度も振り返りながら遠ざかっていく。そして、千代は、わが子の死に顔だけでももう一度見たいと、再び戻ってきて、犠牲になった子の姿を見て、打ち臥して号泣する。ここでは、もはや義理を立てねばならないというような人の法に基づく気持ちは消滅し、ただ地の法に根差す血と愛の情のみが支配する、

この人の法と地の法の対立は、容易には和解できない。この対立を宥和し、悲哀を癒すものは、仏の救いであり、天の法のみである。この段の最後が、小太郎の野辺の送りで終わるのは、そのためである。源蔵夫婦と、すでに白無垢姿になった松王夫婦らによって、首のない小太郎の亡骸は、涙のうちに京の鳥辺野に送られる。親が子の葬送をするという逆縁の悲しみをわずかに救うものは、この野辺の送りで唄われる歌である。「いろは送り」として知られるこの旋律は、犠牲になった子への鎮魂歌であると同時に、収めようのない悲しみの癒しの歌でもある。松王夫婦の悲しみは、この音楽によってしか救われない。

天と地はもと一つであり、両者に支えられて人の世界はありえた。しかし、天地が分かれ、人間世界が分裂することによって、人間の悲劇が始まる。悲劇は、この解決不可能な人間世界の対立と分裂から人間が陥る悲惨や苦悩、破滅や没落を描き、人間世界の深層に巣食う深い闇を抉り出す。そして、それを超える大きな世界を指し示す。人間世界の調停できない対立を宥和するものは、人間を超えるものである。人間は、人間を超えるものに支えられて、はじめて人間である。悲劇は、この人間を超えるものの前での人間の卑小さ、悲惨さ、悲哀を語ることによって、人間を超える大きな世界を顕わにしていく。芸術作品を偉大なものにするのは、そのような宇宙的な広がりなのである。

エッシャーの多義図形

オランダの版画家、M・Cエッシャーの作品に、悪魔が踊っているようにも見え、天使が踊っているようにも見える「円の極限Ⅳ」（天国と地獄）と題する作品がある。天使を見ているときには悪魔は見えない。悪魔を見ているときには天使は見えない。この円形の極限図形は、中央の天使と悪魔の図形の幾種類かの回転対称を使い、その相似図形を段階ごとに縮小していった図形である。ここでは、天使も悪魔も、円周に向かって無限に小さくなりながら消えていく。

フランスの数学者、アンリ・ポアンカレは、非ユークリッド空間の双曲面の幾何学を説明するために、無限平面の全体が有限の大きな円の中に収まるモデルを提出していた。これを、幾何学者のコクセターが三角形による双曲面の分割図で表わし、それを円形の図形で示していた。この幾何学者が著した本にあった図形を見たエッシャーは、ただちに、これこそ自分が追求していた〈無限〉を表現できる糸口になると悟り、いくつかの円の極限図を創作した。「円の極限Ⅳ」は、その最後の作品である。コクセターの呪文のような文章や数式は、この版画家にとってはまったく理解できないものであった。しかし、本の中にあった図解だけは円の平面の無限分割の助けになることを、直感的に理解できたのである。

絵そのものは、天使と悪魔が折り重なっている図である。しかし、天使と悪魔を同時に見ることはできない。ただ、天使が踊っているように見たときにのみ、天使が踊っているように見え、悪魔が踊っているように見たときにのみ、悪魔が踊っているように見える。天使を図として見たときには、悪魔は地として背景に退き、悪魔を図としてみたときには、天使は地として背景に退くのである。この版画は、見方によって天使と悪魔、図と地が交互に入れ替わる反転図形なのである。しかも、地なくして図はなく、図なくして地はない。地は図を意味づけ、図は地を意味づける。図と地は相補的な関係にある。天使と悪魔は、相互に依存し合っているのである。

異なった観点から見られることによって、世界は悪魔的なものとも天使的なものとも見られる。同じ一つのものも、それを見る視点の違いによって、異なった相で立ち現われてくる。天使と悪魔が重ね合わされた図から何を取り出してくるかは、知覚者側の図式による。とすれば、知覚するものとされるものは切り離しがたく結びついていることになる。世界は、知覚するものと知覚されるものが一つになったものなのである。知覚するものと知覚されるものが一つになって生起する出来事、それが世界である。対象の中には、それを認識している認識者自身も含まれる。見られるものの中には、見るもの自身が含まれる。主観と客観は分かつことができないのである。

天使が踊っているようにも悪魔が踊っているようにも見るわれわれの視点を主観と言い、天使と悪魔が折り重なっている絵を客観というとすれば、天使や悪魔はわれわれの見方次第で現われ

円の極限Ⅳ（天国と地獄 1960年）

たり現われなかったりするのだから、主観と客観はいつも一つになって対象を作っていることになる。そこに現われている悪魔や天使は、単なる客観でもなければ単なる主観でもない。それらは、主観と客観が一つになって現出してきた事件なのである。われわれは、主観と客観を切断するデカルト以来の認識論から脱却しなければならない。このことを、「円の極限Ⅳ」の図は見事に表わしている。

量子力学の不確定性原理によれば、ミクロの世界では、われわれの観測という行為が観測される系を攪乱するために、粒子の位置と運動量を同時に確定することができない。観測することが観測される系そのものを変えてしまうからである。われわれがどう観測するかによって、世界の見え方は変わる。観測するものとされるものは分離することができず、観測者を抜きにして現象は出現しない。ここでも、エッシャーの多義図形同様、主観と客観は一つになって現象を出現させていることになる。

量子力学のもう一つの原理、相補性原理でも、光や電子は、粒子とも見ることができるし波とも見ることができる。波として見るか、粒子として見るかは、観測者次第である。量子力学では、物質のもつ粒子性と波動性は相補的であり、しかも、両者は同時に観測されることはない。ここでは、世界は、いわば波と粒子の重ね合わせの状態にあり、われわれがそれをどのように観測するかによってのみ、現象は一定の状態に収束する。

この点でも、これは、見方によって天使とも悪魔とも見られる「円の極限Ⅳ」に似ている。自然は、われわれ観測者がある方法で観測したとき、その観測に応じて確定した状態をもつ。もともと、自然は、エッシャーの多義図形のように、多様な様相の重ね合わせの状態にあり、認識者の視点に応じて様々な顔を見せるものなのである。

倫理学的観点から言っても、「円の極限Ⅳ」は、善と悪の相補性を象徴的に表現している。善悪は、相関的、相対的なもので、互いに互いを必要としており、相転換して世界の生成を担っているのである。エッシャーも、「善は悪がなくては存在しません。従って、神という観念を受け入れるのなら、同様に、悪魔の存在も仮定しなければなりません。これが釣り合いというもので、この二元性が私の人生です」と語っている。

確かに、同じ行為でも、見方次第では、善となったり悪となったりする多義性をもつ。勇気ある行為も、ときには無謀と見られたり、果敢な行動も、ときには拙速と受け取られる。我慢強い忍耐力も、ときにはチャンスを逃す無作為とも受け取られる。また、暴力や欺瞞の悪逆をし尽くしてきた武将でも、その結果、平和と秩序がもたらされれば、英雄として称賛される。善悪は、一つの行為が他に対してもつ相反する二つの面なのである。

多くの行為は、いわば善悪の重ね合わせの状態にあると言わねばならない。善と悪は互いに絡み合いながら歴史や社会を動かしていく。だから、歴史的言動や行為も、時代の変化によって、その評価がときに正反対のものに変わることがある。ものごとには、本来、善悪ということはない。それが善とか悪とかいわれるのは、われわれの方から反省され評価されることによって生じるものである。この世の相対的世界では、善悪は対立・錯綜するが、絶対的根源的世界では、善悪の対立や区別は消え去り、無差別となる。実際、「円の極限Ⅳ」でも、円周近くの極限においては、天使と悪魔は無限小に近づき、区別がなくなる。

宗教的観点から言っても、世界は、天国と地獄、浄土と穢土、煩悩と救い、迷いと悟りが、矛盾しながら一つになっている世界である。「円の極限Ⅳ」でも、われわれの見方次第で、世界は、天使が踊っている天国のようにも、悪魔が踊っている地獄のようにも見える。と同時に、天使なくして悪魔はなく、悪魔なくして天使はない。事実、白い天使は背景の黒い悪魔によって引き立っているし、黒い悪魔は背景の白い天使によって引き立っている。天使が天国に住んでいるだけでは、罪や悪の渦巻くこの世は救われない。天使がこの世に降り立って悪魔と出会わなければ、この世に救いはないのである。世界は、天国と地獄の重ね合わせで成り立っている。

人間の心の中では、煩悩と救いという相矛盾するものが一つになっている。だから、われわれが煩悩に悩み苦しんでいるそのときに、すでにその足下に救いがなければならない。この世界には罪や煩悩が渦巻いているからこそ、かえって、そのただ中に救いの手は差し伸べられていなければならないのである。迷いの世界も悟りの世界も、現在ただ今の世界の表裏にすぎないのである。美しく清らかな蓮の花は、汚れた泥の中に根を張ることによって花を咲かせる。ちょうど、そのように、衆生の苦しむ穢土にこそ、衆生の救済される浄土がなければならないのである。穢土と浄土は相接し、表裏をなしている。そのような宗教的世界をも、この多義図形は語っている。

エッシャーは、〈対称性〉にとりつかれていた。上下、左右、遠近など対称的な概念をどのようにして描くか。彼は、これを、図形の並進、回転、鏡映、さらに色の対称性を用い、認識可能にしていった。しかも、こうして作られていった図は、多くの場合、見る側の視点の違いで相互転換するように作られていた。対称性なくして、上も下も、右も左も、白も黒も認識できない。両者の対称性と比があってはじめて、両者は認識できるのである。エッシャーは、対称性なくして世界は存在しないという確信をもっていた。「コントラストなくして生命は存在しない」と言う。相矛盾し対立するものが相接しながら同時存在するという真実を、彼は、対称的図形による表面分割手法で表現してきたのである。

「円の極限Ⅳ」の図でも、天使と悪魔を区切っている境界線は、天使と悪魔という相対立するものを区別していると同時に、その境界線を、天使と悪魔は共有している。共有しなければ、天使も悪魔も成り立たない。天使にとってもその線は欠かせないし、悪魔にとってもその線は欠かせない。天使と悪魔を区別する輪郭線は、天使と悪魔が一つになるところであると同時に、天使でも悪魔でもなくなるところなのである。このような二重の意味を持った境界線を、エッシャーは、世界の出現の瞬間を表現するのに使ったのである。境界線は、そこから万物が生まれてくる始原であり、そこへと万物が消え去っていく始原なのである。

天使が天使であるためには、悪魔と接していなければならない。悪魔が悪魔であるためには、天使と接していなければならない。同一性は、差異性を含んではじめて同一性である。表と裏、陰と陽、内と外、これら対立するものも、一つになってはじめてそれでありうる。両者は互いに絡み合いながら、万物の生成を担っている。

エッシャーは、また、〈無限〉にとりつかれていた。無限を有限の世界にどのようにして表現するか、ひたすら追求していた。現に、「円の極限Ⅳ」でも、円周に近づけば近づくほど、天使も悪魔も異様に小さくなっていき、判別できなくなっている。このように、天使や悪魔の図形を遠心方向に向かって連続的に縮約していくという方法で、エッシャーは無限を象徴的に表現しようとしたのである。しかも、この円周近くで表わされた無限世界では、天使と悪魔は一つになっている。十五世紀の哲学者ニコラウス・クザーヌスが言ったように、無限世界では反対者は一致する。この哲理を、「円の極限Ⅳ」は表現している。

さらに、この「円の極限Ⅳ」で無限を表わすには、円周が必要である。しかも、その円周は白い空白の空間につながっている。円で囲まれた世界は、外側の空白の世界なくして存在しない。円で表わされた無限世界が世界であるためには、まわりの絶対の無が必要なのである。無なくして有はなく、有なくして無はない。有と無は矛盾しつつ同一である。矛盾したものが表裏をなして一つになっているという世界の原理を、この図は表現している。エッシャーの作品は、宇宙のグランドデザインの表現だったのである。

エッシャーは、はじめ建築装飾学校で学んだが、建築家にはならずに、版画家への道を歩んだ。早いうちから、平面分割、対称性など、幾何学的な世界をモチーフにした特異な世界を追求した。特に、繰り返し文様による平面分割というテーマは、エッシャーの終始変わらぬテーマであった。若いときに、妻と二人でスペインのグラナダのアルハンブラ宮殿を何度も訪れ、その壁面や天井や床に使われていた幾何学的な繰り返し文様に魅了され、それを模写した。そこから、それを、鳥や魚やトカゲなどの動物、騎士などを使った文様に転換、独特の様式を編み出していった。ははじめは、規則正しい合同図形の反転図形や対称図形を用いて平面を分割していったが、やがて、それを縮小したり拡大したりした相似図形を用いて、より深い意味を表現するようになった。

しかし、彼が追求してきたことを、誰も理解する者はいなかった。美術評論家もほとんど彼を無視した。そのため、エッシャーは、自分が追求してきた真実が評価されていない、自分は芸術家として失敗したという意識をもち続けていた。そこに、この芸術家の孤独があった。「私はここではひとりぼっちでさまよっていました」「人生とは孤独のなかで自分を鍛える学校だ」という彼の言葉は、理解してくれる人がいない孤独感を如実に語っている。

エッシャーは、はじめ美術評論家ではなく、数学者や幾何学者、結晶学者や心理学者などから注目された。そして、やがて大衆にも賞賛され、世界的にも有名になった。しかし、この孤独感は最後まで残っていた。エッシャーの魅力は、単に表現の奇抜さや面白さによってのみ引き起こされているのではない。より深く世界をどう見るかということにかかわっている。このことを人々が発見しだすのはずっと遅く、彼の最晩年になってからのことであった。

仮想現実

ヘッド・マウンティッド・ディスプレーというゴーグルのようなものを頭に装着して、ディスプレー上に自分の分身となるアバターを作り、それに自分の身体の動きを再現させ、現実と見紛うばかりの仮想環境を体験できる装置がある。流行のヴァーチャル・リアリティ技術である。エベレストに登頂する体験であろうが、月面の重力場を歩く体験であろうが、ミクロな人体の中を探検する体験であろうが、映像や音声で再現された仮想世界を自在に疑似体験できる。

しかも、この装置では、手や足にセンサーが取り付けられているから、触覚や運動感覚も再現される。また、自分の分身を通して、仮想世界の中で相互行為や対話もできるため、高度な臨場感と没入感がある。この装置では、主に視覚や聴覚、触覚や運動感覚が刺激され、その可能性が拡張増幅されるから、われわれの身体感覚が一挙に多次元化し再編成される。ここでは、自分とは異なる仮想の身体を作って変身することもでき、違ったキャラクターをもった持ち主を何人でも演じることもできる。そこでは、仮想世界の中に複数の自分がいるように感じられるばかりか、その仮想の自己が現実世界の自己と感覚的に一体化してくる。

さらに、この人工的に作られた仮想世界では、他の仮想身体を備えた他者とのコミュニケーションもできるから、ヴァーチャルな身体同士で社会を形成していくことも可能である。現に、そのような大げさな装置を必要としないパソコンのネット上でも、すでにヴァーチャル共同体が構築されている。このヴァーチャル共同体は、現実社会の意味や価値を作り変え、秩序づけ、編成し直していく可能性をもっている。

仮想現実世界では、小さな空間で広大な仮想世界を体験できるから、住んでいる地域、国籍、性別、身分など、なにものにも縛られず、時間や空間を越えて自由に飛翔していくことができる。タイムマシーンに乗って過去の空間も体験でき、過去の人々とも対話できる。その場に居ながらにして、まったく違った世界を体験することができるのである。そのために、ここでは、ディスプレー上の仮想世界が現実世界とオーバーラップしてきて、今まで信じていたリアルな世界が揺らいでくる。そして、逆に、現実とは何か、リアルの意味が問われてくる。もしかしたら、リアリティとはヴァーチャルなものだったのかもしれないとさえ思われてくる。

だが、このような仮想世界を作る技術は、ヴァーチャル・リアリティ技術の没入感ほどではないにしても、新聞、ラジオやテレビ、映画や演劇、そして文学や芸術などには、多かれ少なかれあったことである。人間は本来仮想世界に生きてきた動物であって、ヴァーチャル・リアリティ技術は、それに拍車をかけただけとも言える。ディズニーランドやユニヴァーサル・スタジオなども、巨大化した仮想現実施設である。

国家もまた、一種のヴァーチャル共同体であった。われわれは、現在、近代の国民国家の中に生きているが、これも、ある意味で想像上の共同体にすぎなかった。国民国家という観念が隆盛を極めるのは、特に十九世紀になってからのことであるが、その観念をつくるのに、新聞の果たした役割は大きい。新聞をはじめ多くの印刷物が、数百万数千万という互いに知らない人々に、同一の共同体に所属する成員だという意識をつくりだしていった。そのために、新聞は、ときには他国への憎悪心さえ掻き立てたのである。

国民国家をつくるには、国民の意思統一が必要であり、そのために、国民国家は、言語をはじめ、地理、民族、伝統、宗教などを素材に、文化の何らかの同一性をつくりだそうとする。そして、国旗や国歌という象徴的なものを制定し、国民教育を施す。国境を設定し領土を確定するにも、まず地図というシミュレイトしたイメージを作ることから始めねばならなかった。国境という境界も、仮想から出発したのである。

国家の主権とか、国民の自由、平等、人権とかいう観念も、はじめから存在したものではなく、近代人が創作したものである。もともと、国家は、政府機関や裁判所や警察や軍隊などの単なる統治機関でもなく、それを運営する官僚や政治家でもない。それらは単なる建物か人員にすぎない。国家は、そういう目に見えるものの背後にある国民の結集された意思からできた精神的創作物なのである。そのような仮想現実がつくられれば、一度も会ったことのない人々も、国民として一つに結びつけられる。

祖国とか母国という観念もヴァーチャルなものである。しかし、そのヴァーチャルなものが祖国愛を呼び起こし、しばしば自己犠牲的な行為を生む。独立戦争などで、国家の自由と独立のために、人々が身命を賭して戦い死んでいったりするのはそのためである。愛には幻想が伴う。恋愛など他の愛と同じく、祖国愛にも幻想が働いている。

二十世紀の国家も、民族、人種、労働者、人民、自由、平等などというかなり実態からかけ離れた観念によって導かれた。自由主義も共産主義も、国家主義もナチズムも、二十世紀の国家は、そのような幻想の共有によって成立していた。ヒトラーやスターリン、毛沢東など、大衆の偶像を押し立てて、国民皆が脱兎のように動いていったのも、国家が仮想現実だったということを物語っている。

民主主義も幻想を売る商売である。明日にもユートピアができるような公約を出し並べ、民主主義国家の政治家は票をかき集めていく。それらしき幻想を語りうる者が多くの支持者をもち、支持者は、ただその語られる幻想に投票するだけである。だから、政治の分野でも、民主主義社会では、まるでスポーツのヒーローや芸能界のアイドルを選ぶかのようなしかたで、大衆の偶像が選び出されてくる。

われわれは、映像上で、会ったこともない首相を実在と思って支持したり批判したりしているほどだから、今や政治も、テレビのディスプレー上で行なわれているとも言える。十九世紀は新聞が、二十世紀はラジオやテレビが、二十一世紀はおそらくインターネットが国家共同体をつくっていくであろう。

諸都市国家を束ねて王国を統合していた古代バビロニアも、荘厳に執り行なわれる新年祭や、粘土板に書かれた神話や、石碑に書かれた法によって成り立っていた。人々がそれらを神聖なものとして信じていれば、王国は統合できたのである。古代のエジプトの諸王朝も想像上の共同体であり、共有された太陽神ラー、文化英雄神オシリス、大地女神イシス、穀霊神ホルスなどの神話を信じる人々によって成立していた。そのような共通の幻想があったからこそ、あの巨大なピラミッドも造りえたし、働いた奴隷達も潤ったのである。部族国家、首長制国家、都市国家、領邦国家、帝国など、古代の諸国家には、それぞれに成員を統合する神話があり、それに伴う儀礼がある。したがって、それらの集団を拡大するには、その拡大した集団をまとめうるような神話が必要であった。帝国は、神話の普及と流布によって支配権を拡張していくことができたのである。

国家は、どのような国家であっても、ある種のフィクションであり、ヴァーチャルな共同体である。だから、そこには神話が必要であり、儀礼が必要であり、言葉が必要である。虚構を共通にもつことによって、何万となき住民からなる都市国家も、何億もの人民からなる帝国も築きあげることができる。

国家は幻想の共同体である。幻想がなければ集団は成立しない。人間の豊かな想像力、創作力が、想像上のつながりをつくり、幻想を共有する共同体ができる。政治は、そのような仮想現実をつくりだすことによって権力を維持する技術なのである。

経済もまたヴァーチャルなものである。経済は、物と物の交換、物とサービスの交換から始まる。しかし、その交換も、必ずしも市場交換とは限らない。カール・ポランニーの言うように、古代や未開社会では、贈与や再分配経済による交換の方が多い。交換は、個人と個人、個人と共同体、共同体と共同体を結びつけるものであれば、どのような形態をとってもよかったのである。

その交換の手段には、しばしば貨幣が用いられる。しかし、貨幣は物でもなく、商品でもない。貨幣は、それ自身、物や商品として、それだけの価値があるわけではない。たとえ金銀からなる硬貨でも、金銀の含有量でその価値が決まるわけではない。含有量が少なくても、そこに拾両と書いてあれば拾両の値打ちがある。したがって、貨幣は、金銀に代わって紙でもよく、その紙幣が金銀に換えられなくてもよい。そこに一万円と書いてあれば一万円のものが買えるのだから、貨幣は究極のところ数量にすぎなくなる。

現代の仮想通貨は、極端な形でそのことをあからさまにしている。仮想通貨は、それ自体何の実体もなく、単に数値化された情報にすぎない。その意味では、純粋な貨幣だとも言える。しかも、現代では、世界で流通している全貨幣の合計の九割以上はコンピューターのサーバー上を動いている数字であり、電子化されてしまっている。中央銀行が通貨供給量を増やすと言っても、数字を増やしているだけである。銀行や証券会社もほとんど数字だけを動かしている。現代の金融市場は、ほとんど電子データで営まれているのである。現代では、このような広い意味での電子マネーが、国境を越えて地球上を自由に往来している。というより、われわれの想像上の空間を移動していると言うべきかもしれない。

とすれば、貨幣は、皆がそれを貨幣だと信頼していることによってのみ貨幣だということになる。貨幣の価値を支えているものは、それが現在も将来も貨幣として使われ続けるだろうという信頼のみである。信頼こそ、世界に流通する貨幣の大部分の基礎である。膨大な数の見知らぬ人同士でも、交易ができ、事業を興し、協力できるのは、貨幣のお陰である。だが、その貨幣は、皆が信頼しているものであれば何でもよい。だから、人類史上、今まで、貨幣には、石器でも黒曜石でも、貝殻でも金銀銅でも、紙でも電子データの数字でも、様々なものが使われてきた。貨幣を貨幣として皆が信頼し、それを承認していれば、交換経済は成り立つのである。

貨幣は、われわれが共通にもっている想像の中でしか価値をもっていない。貨幣の価値は仮想的なものだったのである。貨幣も、最後は目に見えないものになる。貨幣による交換経済も幻想によって成り立っているのである。幻想がなくなれば、何の価値もなくなる。実際、この幻想はしばしば崩れ、ただの紙切れ、ただの石ころ、単なる数字にすぎなくなることもある。ただ夢を見ていただけにすぎないということにもなる。

特に、近代経済は信用経済であって、将来の成長と豊かさに対するわれわれの信仰によって成立している。将来への信頼が信用を発生させ、その信用でお金を借り、現在を築いていくことができるようになった。貨幣は、その信用の象徴である。だから、将来への信頼がないと、近代経済は発展しない。裏を返せば、近代経済はねずみ講のようなもので、未来の無限の成長と増殖を先食いしていることになる。その意味でも、経済は信頼という目に見えないものによって成り立っているのだと言わねばならない。経済的価値も、文化や情報など目に見えないものに源泉をもっている。経済も仮想現実によって成り立っているのである。

宗教は、古来、典型的な仮想現実であった。そして、それが文明形成に大きな役割を果たしてきた。例えば、「イエス・キリストの十字架上での死は、人類が背負ってきた原罪を贖《あがな》う神の子の犠牲であった。それによって人類の罪はすでに贖われたのだから、このことを信じれば、われわれは罪あるままで救われる」というのが、パウロの受けた啓示であった。この啓示からキリスト教は成立し、その教えがローマ帝国に広まった。帝政期のローマ時代でも、当時の虐げられた人々は、「貧しき者は幸いである」というような言葉を信じ、救いを求めて教会に足を運び、喜捨して、結果として、巨大な教会組織がつくれられていった。そして、キリスト教は、最終的には、ローマ帝国の国教となった。

大乗仏教も、法華経にも説かれているように、「仏に帰依しさえすれば、如何《いか》なる凡夫も救われる」というような教えから始まった。この北西インドで広まった教えも、ある意味で言葉だけだったとも言える。その言葉によって語られる経典の説く救いの世界は、華厳経や阿弥陀経にも描かれているように、煌《きら》びやかな宝珠が光り輝く荘厳な仏国土、極楽浄土の世界である。これも典型的な仮想現実世界なのだが、これが後、大きな寺院組織をつくり、歴史を動かしてきた。大乗仏教の伝播を考えても、その興隆は、一介の学問僧が何千キロという行程を旅し、陸や海を渡ってインドから経典を持ち帰ったことから起きてきたことである。これらの経典が中国に入ってきただけで、寺院が出来、学僧が集まり、都市が成立し、交易が成り立ち、国家が鎮護されていった。こうして、隋唐時代の新しい中国文明が形成された。

キリスト教や仏教は、人間の背負う原罪や生老病死の苦悩から人間を救うことのできる仮想世界を提示した。これが、国境を越えて、巨大な教会組織や寺院組織をつくり、世界史を形成してきたのである。宗教は一つの物語なのだが、その物語が語る幻想世界を皆が信じれば、現実世界の大きな力になる。

今日の高度化した資本主義経済でも、物語をつくることの大切さが言われている。例えば、現代では、旅行や観光にも物語が必要である。何の変哲もない道でも、〈芭蕉が歩いた道〉と銘打てば、観光客が集まってお金を落としてくれる。しかし、このようなことは、中世ヨーロッパの聖地巡りなどではあったことである。キリストの復活した地というような物語をつくれば、聖地を巡る巡礼客は増えた。わが国の近世に流行したお伊勢参りや三山巡りや四国遍路も同様であり、巡れば魂が浄められるという物語がその背景にあった。イスラムのメッカ巡礼なども同じことである。このような聖地巡礼が、旅行者の増大、旅行業の繁栄、道路の整備、金融や交易の隆盛などをもたらし、経済は発展した。

文明の形成や維持には、目に見えないヴァーチャルな機能が必要である。宗教は、その点大きな役割を果たす。教会や寺院は、いわば仮想現実の空間だったのである。仮想現実のつくりだす幻の世界が、現実を形成する大きな力になる。現実の桎梏を脱出して無限の世界に羽ばたいていけるような予感、この宗教がつくりだす予感によって、社会秩序や政治秩序も正当化され、人類統一の力が醸成された。ヴァーチャルなものがリアリティを形成してきたのである。


人間は、画像や音声、言語や神話、芸術や宗教など、シンボルの宇宙に住んでいる。そして、シンボル（象徴）間の類比によって物事を類推し、物に意味をもたせ、その意味の秩序から物事を理解する。地名が消えるとただの土地になってしまい、その土地の意味が失われてしまうように、意味付与能力がなくなれば存在が消えてしまう。唯名論が言うように、存在とは名前だけなのかもしれない。

言語は、存在しなかった事柄や観念を生み出す人為的記号である。人間は、この言語によって、現実の世界には存在しないイメージを描くことができる。そして、そのイメージによって現実をつくりかえていく。言葉は、常に実体から離れるが、離れた所で、今度は言葉が実体になる。しかも、言語には呪縛力がある。言葉によって、無いものが有ることになるのである。

実際には存在しないものを想像する能力、この人類の想像力が、国家や経済、宗教や芸術など、想像上の秩序をつくり、文化を発達させてきた。目に見える次元の背後に目に見えない次元が存在し、目に見える次元を支えている。そのような神話的世界が、都市や帝国をつくってきたのである。

全国を旅した西行の物語から、西行が坐った石とかが出来てくるように、物語から現実が生み出されてくる。架空の事物について語る人類の能力、物語る能力が文明を生み出す。文明には、仮想の物語が必要なのである。われわれは、虚構の物語を集団で共有することによって、国家も宗教もつくってきた。虚構なくして人間はありえない。

いつも遊んでいる幼児が、絵本や漫画やアニメの登場人物を実在と思って生きているように、人間は仮想世界の中で生きている。そして、この仮想が現実を生み出す。そうでなければ、社会もなければ、貨幣もなかったであろう。仮想世界から社会の集団化が可能になり、知識の蓄積と、文化の継承、発展が可能になったのである。

人間は、幻想を追う動物である。しかも、幻想なくして生きていけない動物である。人間は、幻想を共にすることによって、神殿や墳墓、寺院や教会、宮殿や国会議事堂など、文明を生み出してきた。なるほど、幻想はしばしば現実によって裏切られるが、しかし、その時は、人間は幻想の方を変え、新しい幻想をつくりだしてきた。幻想は現実を越えていく。

ヴァーチャルなものがリアリティを生み出す。ヴァーチャルなものこそリアリティなのである。そうであるのは、おそらく、存在が関係によってのみ生じてくるからであろう。ヴァーチャルなものは、その関係のところを司っているのである。

7 善と悪

孫子に学ぶ

『孫子』というよく知られた兵法書は、今から二五〇〇年ほど前、中国春秋時代末期の将軍、孫武によってまとめられたものだといわれる。しかし、その後の戦国時代の知識も入っているから、実際には、孫子学派とでもいうべきものによって編まれたものが、『孫子』という兵法書なのであろう。孫子は言う。

「兵とは国の大事なり、死生の地、存亡の道、察せざるべからざるなり」と。

戦争は国家の大事であり、国民の生死、国家存亡の分かれ道であるから、よくよく熟慮しなければならないというのである。

したがって、勝てそうにもないときは、戦わないのがよい。劣勢の時には撤退し、不利な場合には動かない、無駄な戦いを続けて費用をかけてはならない。

「夫《そ》れ戦勝攻取して其《そ》の功を修めざる者は凶なり。命《なづ》けて費留《ひりゅう》（むだな費用をかけてぐずつくこと）と曰《い》う。故に明主はこれを慮り、良将はこれを修め、利に非《あら》ざれば動かず、得るに非ざれば用いず、危うきに非ざれば戦わず」

と孫子が言っているのは、そういう意味である。

むしろ、敵国を攻めるなら、敵国の陰謀を潰し、敵国の同盟関係を分断し、謀《はかりごと》によって攻めなければならない。敵の軍隊や城を直接攻めたりする策はよくない。

「故に上兵は謀《ぼう》を伐《う》つ。其の次ぎは交を伐つ。其の次ぎは兵を伐つ。其の下《げ》は城を攻む」

と言う。

武力を使わずに、謀略によって敵国内の離間を図り、その内部体制を崩壊させ、敵国を傷つけずにそのまま降伏させられれば、それに越したことはない。損害なくして完全な利益を得るのが最良の策であろう。敵国を武力で奪わなくても、自国の威勢が他国に浸潤していれば、おのずと自国の有利は高まる。

敵を直接攻める場合でも、計略を使うのがよい。敵を有利と思わせて誘い出し、敵の油断を誘い、敵の手薄に付け込んで、その虚を突く。わざと遠回りをして敵を安心させ、予想もしない方向に転進し、相手の裏をかく。何事も策を練り、敵を攪乱するのが得策である。

「兵とは詭道《きどう》（裏をかくこと）なり。……利にしてこれを誘い、乱にしてこれを取り、……親《しん》にしてこれを離す。其の無備を攻め、其の不意に出《い》ず」

と孫子は言う。これは、そのことを指している。

その前に、何よりも守りを固め、敵が攻撃できないような体制をとり、負けない体制を作っておくことも必要である。「勝つべからざる者は守なり」である。これは、自分の努力でできる。

こうして、戦わずに勝つのが謀攻、謀で攻めるということの原則である。

「戦わずして人の兵を屈するは善の善なる者なり」

と、孫子は言う。

なかでも、孫子が口を酸っぱくして言っていることは、戦う前に敵の状況を事前に察知しておくことである。

「成功の衆を出《い》ずる所以《ゆえん》の者は、先知なり」

という孫子の言は、抜群の功を立てうる指導者は、相手に先んじて敵情を察知することに基づくという意味である。つまり、極力情報収集に努めねばならないということである。

その場合、必ず人を用いて敵の情勢を探らねばならない。そのための費用は惜しんではならない。

「而《しか》るに爵禄・百金を愛《おし》んで敵の情を知らざる者は、不仁の至りなり」

と言う。情報収集に金をかけなかったなら、民衆を愛していないことと同然だというのである。

情報員の働きは偉大であり、そこには有能な人材を登用し、その働きによって敵情を手に取るように知っておかねばならない。戦わずして勝つためには、諜報要員を大いに使うのが最良の手段だというのである。

『孫子』は兵法書であり、その作者は実戦の指導者であったから、当然、そこには様々な戦いの方策が書かれている。しかし、また、そこには、われわれにとっては、人生のあり方に思いを致す深い知恵があるように思われる。人生は、ある意味で戦いであるから、われわれは、『孫子』から、しばしば遭遇する人生の厳しい状況を切り抜けていくための方策を学ぶことができる。人生の荒波をどう生き抜くか。人生では苦境に落とされることもあるが、その苦境をどう乗り切るか。

どうすれば、少なくとも負けない戦いができるか。

「彼を知りて己《おの》れを知らば、百戦して殆《あや》うからず」

というよく知られた孫子の名言は、過酷な人間社会を生きていくための深い思索が含まれていると言わねばならない。

特に、相手が強大で自分が弱い場合、直接戦えば負けるに決まっている。そのようなときは、相手の強さと自分の弱さをよく知って、それでもなお生き延びていく方法を考え出す必要がある。そのような場合には、強い相手との正面衝突を避け、回り道をし、相手がやらないことをして、自分の出来ることで勝負することも大切である。このような方策を、孫子は〈迂《う》直《ちょく》の計〉と言っている。また、敵のいないところを狙って、新しく生きる場を探し出すのもよい。ともかく、力の強い者とは直接戦わず、生き残る道を探さねばならない。

さらに、負けを知ることも大切である。負けた場合には、敗因を徹底的に分析し、それを教訓として、後の成功に導いていかねばならない。それが「己を知る」ということである。それを通して、自分がより強くなれたなら、負けた時の屈辱も忍べるであろう。

その点からいうと、孫子が言っているように、常勝はかえって危険なのである。

「百戦百勝は善の善なる者に非《あら》ざるなり」

である。自己の弱点が見えなくなるからである。

孫子が教えていることは、洞察力を養えということでもあろう。自分の力量や置かれている場所をよく知り、頭を働かせて、問題点をみつけ、冷静な計算をして、作戦を考える。そして問題の解決を図る。そういう知力を磨けと言っているのであろう。

その意味では、孫子は、また、置かれている状況に柔軟に対応していく思慮深さとか、賢明さをもてと言っているともいえる。自己の能力や相手の力量などをよく考え、与えられた状況の中で最適な道を見出し、人生の様々な困難を切り抜けていかねばならない。

実際の戦いの場合でも、退くべきときには退く勇気が必要である。相手の強さと自分の弱さを知って退却するというのも、勇気の一つである。必ずしも卑怯とか臆病ではない。

人間社会は、必ずしも全面的に信頼できる社会ではない。そのようなところでも、なにほどかの実績をあげていかねばならないとすれば、人生の変化する状況に合わせながら、よりよい行為の仕方を追求する思慮が必要であろう。一時の感情に溺れて無謀な行動に出てはならないのである。孫子も、「主は怒りを以て師を興こすべからず」と言っている。将軍も、憤激にまかせて戦《いくさ》を始めるべきではないというのである。

そのような行動様式は、すでに善悪を超えている。善でもなければ、悪でもない。変化する状況への柔軟な対処の仕方、臨機応変な生き方を、孫子は教えているのだとも言える。『孫子』から、人生の問題を学ぶことは多いと言わねばならない。

『韓非子』を読む

韓非子は、今から二二〇〇年程前、中国戦国時代末期の小国、韓の側室の王子として生まれた。彼は吃音で、弁舌は不得意であったが、文章には優れていた。しかし、本国では受け入れられなかった。

中国戦国時代の社会は、諸国相食み、陰謀や内乱、侵略の渦巻く下剋上の社会であった。このような喰うか喰われるかの時代を背景に、「君臣の交わりは計なり」と、韓非子は言い切る。君臣の結びつきは計算づくであり、臣下は自分の利益のために仕え、君主は官爵を売っているにすぎない。わが身を犠牲にしてまで国のために尽くそうとする臣下はいない。臣下というものは、善良な人を下積みにして私利私欲を図り、しばしば外国の力を借りて自国を乗っ取ったりする。上は君を脅かし、下は治安を乱す。そもそも、臣の利と君の利とは一致しない。「君臣は骨肉の親み有るに非《あら》ず」とも言う。

臣下を養うということは、鼠や猛犬を飼っているようなものである。鼠は国を食い潰し、猛犬は君主の権力を笠に着て民衆を弾圧する。近くにいる重臣や側近は特に危険である。どこから謀反を企むか分からない。臣下をもつということは、カラタチやイバラを育てているようなもので、後で棘に刺される。恩を仇で返される。

だから、君主は、臣下に大幅な権限を与えてはならない。大幅な権限を与えると、臣下に国を奪われてしまう。君主は臣下に本心を見せてもいけない。本心を見せれば、臣下が付け入ってくる。臣下に対する愛憎の表現も慎重にしなければならない。君主の死によって利益を得る人間は多いのだから、臣下の謀反の兆しを見たら、すぐに処断しなければならない。このような無秩序な時代に、なお、国家を成り立たせ秩序を回復するには、法を立て、それを厳しく実行するのでなければならないというのが、韓非子の主張するところである。

「治《おさま》る所以《ゆえん》の者は法なり」

と言う。法による国家統治、法治主義を確立しようとしたのである。

韓非子の言うところによれば、臣下でも人民でも、利得を好み刑罰を憎む。それゆえ、まず法令を明らかに示し、法令に照らして賞罰を行なうのが、国家統治の基本である。法と賞罰は、国家という車を動かす馬である。馬を御すには、餌と鞭を上手く操る必要がある。臣下や人民を支配するには、刑罰と恩賞の二つの柄（ハンドル）を握っていなければならない。賞罰の権限をしっかり握り、信賞必罰をしっかりすれば、どんなに凡庸な君主でも、国を治めることができる。

それさえすれば、忠臣は励み姦臣は絶え、国家の富や軍事力は増す。

しかも、必ず賞し、必ず誅さねばならない。本当に功績があったなら、身分の低い相手でも必ず賞を与える。確かに過ちを犯したなら、お気に入りの臣下でも必ず罰を加える。賞すべき者を賞し、罰すべき者を罰する、それが大切だと言う。

恩賞さえあれば、臣下は命がけで働き、兵士はたとえ火の中水の中でも飛び込む。刑罰を厳重に実行すれば、臣下の姦悪は禁じられ、人民の罪もなくなり、国は安定して、騒動は起こらない。虎が犬を服従させるのは、爪と牙によってである。もし、爪と牙を捨てたなら、虎はかえって犬に服従しなければならなくなるだろう。賞罰の法がなかったなら、堯舜といえども国を治めることはできない。信賞必罰こそ、支配の根本原理だというのである。

韓非子は、自分が生きた戦国時代の現実から、利益本位に動く人間の現実を凝視していた。政治も、この利を好み罰を嫌がる人間の本性に根差して行なわねばならない。人は安全で利益のある方に動く。人間行動の基本は利益である。利益があれば寄ってくるし、利益がなければ離れる。蛇に似た鰻でも漁師が手づかみにするのは、利益があるからである。芋虫に似た蚕でも婦人が平気で摘まむのは、利益があるからである。棺桶屋が、棺を一つ作る度に早く人が死ねばよいと思うのは、人が死ぬことで利益があるからである。人は利によって動くのである。

韓非子は、利益の追求に正当な地位を与え、そこから政治の在り方を導き出した。それが、信賞必罰の政治であり、法治主義であった。法を定めそれを公布し、賞罰を厳格にすれば、国は治まる。法治主義を実行すれば、国は富み、兵は強まる。法律をびっしりと行なえば、どんなに大きな虎でも、恐れをなしておとなしくなる。檻を作って虎を囲えば、弱い人間でも虎を抑えておくことができる。人間を善良ならしめるのは法である。治国強兵の実行をあげるには、法を定め、それを実行しなければならない。法による統治をしなければ、兵は弱く、地は削られ、国は隣国に押さえつけられるだろう。

しかも、その法は力を背景にしなければならないし、その法を実行するには、術を心得ねばならない。馬を御すのに術が必要なように、国を治めるのにも術が必要である。権勢と法術によって統御の技術を磨けば、国は治まる。法律と統御術を十分に行わずに、ただ外交に知恵を絞ったところで、国は強くはなれない。法治による国力の充実こそ、生き残る道だと説くのである。韓非子は、徹底的な現実主義者であった。現実的な効用を重視する実利主義であった。

韓非子は、弱肉強食の戦国時代の人間の有様をつぶさに観察し、無秩序な時代をどう生き抜くか、厳しい生き方を追求した。そして、人間の本性は悪であるという結論に達し、人間性悪説に基づく非信頼の哲学を展開したのである。

「人主《じんしゅ》の患《うれい》は人を信ずるに在り。人を信ぜば則《すなわ》ち人に制《せい》せられむ」

とは、韓非子の有名な言葉である。君主にとって有害なのは人を信ずることである。人を信じれば人に抑え込まれてしまうというのである。人間は、本来、利己的動物であり、自分の利益のためにしか行動しないのだから、そう易々と人を信じてはいけない。信頼は、しばしば裏切られる可能性をもっている。だからこそ、法や制度による悪の制御が必要なのだというのである。もともと、法というものは、特に刑法や商法など成文法は、人間不信から出発している。現実社会には、殺人や傷害、詐欺があるのだから、それを抑止するには法が必要である。

したがって、儒家の言うように、信頼を前提にした政治はできない。仁では政治はやれない。仁の政治では、功のない者でも賞を受け、罪ある者も許され、法秩序は軽んじられてしまう。仁義を守って国が滅んだ例は数限りなくある。宋の君主、襄《じょう》は、敵軍が川を渡り切って陣容を整えてから正々堂々敵を攻撃したが、かえって負けてしまった。

儒家は、堯舜の時代を理想の仁政が行なわれた時代と言うが、舜が民の失敗を救ったというのが事実なら、堯の徳が十分でなかったからだということになる。舜を聖人だというなら、堯を聖人と認めてはいけないし、堯を聖人だというなら、舜を聖人と認めてはいけない。堯と舜は、矛盾し両立しない。堯舜の政治に倣《なら》って有能な臣下に位を譲った燕《えん》の王様は、そのまま国を奪われ身を滅ぼしてしまった。

儒家が主張する忠孝も両立しない。親が泥棒をしていることを知った子は、親に孝行を尽くすのなら訴え出てはいけないし、君に忠であろうとすれば、親たりとも訴え出なければならない。忠と孝は矛盾する。儒家の言うように、忠も孝も尊び、綺麗ごとを言って済ますことはできない。

儒家の王道政治や学問は有害無益である。真の政治は、下々の者の善意など期待せず、いかに下々の者が不正を働かないかを図らねばならない。

「吾《わ》が為《ため》に善《ぜん》なるを恃《たの》まず」

と言う。単なる道徳によってだけでは国を治めることはできないというのである。韓非子の言う法は、悪をいかに制御して秩序という善を作り出すか、無秩序から秩序へ、悪と善の間、境界域に生み出されるものなのである。

この不信の哲学は、国際政治においては、なおのこと有効であろう。国際関係は、いつの時代でも、国益と国益の利害打算によって動く。だから、国際社会では、非信頼を前提とした生き方が必要である。

特に、韓非子は、同盟国たりとも信頼するなと言う。同盟国の支援を空頼みし、その救援を当てにして、圧迫してきている隣国を脅威と感じない国は滅ぶ。火事になったとき、海に面した遠くの国まで行って水を運んでこようとしても、とても間に合わないだろう。

「遠水は近火を救わず」

と言う。遠国の助けに頼るなというのである。たとえ救援を約束している同盟国たりとも、相手国になるべく戦わせて疲れさせようと思っているかもしれないし、敵国に滅ぼさせてしまおうと思っているのかもしれない。また、同盟国たりとも、相手国が疲れ切ったところで援軍を出せば、それだけ後々大きく恩を売ることができ、最終的には相手国を取ってしまうこともできるかもしれない。このような厳しい国際関係にあって、国際信義を守っていつまでも他国を信用していたなら、国は滅ぼされてしまう。

ましてて、臣下が外国の力を借りて、国内で抗争を始める国は滅ぶ。外国の謀略に乗せられる国も滅ぶ。

「千丈の堤《つつみ》も螻蟻《ろうぎ》の穴を以って潰える」

と言う。国には、国を滅ぼす多くの木くい虫がいる。これを退治しておかねばならない。国の滅亡には兆しがあるのだから、その芽を早めに摘んでおかねばならない。何事も信頼できない時代には、信頼よりも非信頼に基づいて、われわれは抜け目のない生き方をしなければならない。信頼よりも非信頼を原理としなければならない。

この非信頼の哲学は、また、時代の変化や状況の変化への対応という点でも有効である。時代とともに人心は変遷するのだから、常にそれに対応していかねばならない。時代が変われば、物事は変わってくる。物事が変化すれば、それに対応する手段も変わる。今日《こんにち》の事情に合わせて、それに応じた方策を立てねばならない。「事異《ことこと》なりて則《すなわ》ち備《そなえ》変《へん》ず」と言う。物情が異なれば、対策は変わるというのである。

実際、古き良き時代の理想ばかり遊説して歩いている儒者は国の害虫であり、亡国の兆しである。仁義は、古代に通用しても、今では通用しない。いつまでも古来の聖賢の道を後生大事に守っていてはならない。古いしきたりに拘《こだわ》って新しい状況に対応できないのでは、〈守株待兎《しゅしゅたいと》〉の誇《そし》りを免れない。無秩序な時代に、仁義の政治をいつまでも守ろうとするのは、株を守って兎が頓死するのを待っているようなものだ。世は戦国時代である。過去の事例に拘っていてはならない。

堯や舜のような名君は、千年に一回ぐらいしか現われないし、桀や紂のような暴君も千年に一回ぐらいしか現われない。世の君主は、ほとんど中流の才能しかもっていないのだから、この中程度の状況に合わせた方策が必要である。中程度の状況なら、中流の君主でも、法を立てれば治めることができる。そう言って、新しい状況に適合した政治の方法、法治主義を、韓非子は主張したのである。

韓非子は、常に変化する状況と自分が置かれている状況を十分考慮し、それに対する適切な行動を取る思慮をもたなければならないと言っていたのであろう。変化する状況に対する機敏な対応、状況倫理をすでに語っていたことになる。

雲に乗って空を飛ぶ飛龍や霧に乗って空に浮かぶ騰蛇も、雲が去り霧が消えれば、ミミズやアリと同じである。飛龍も騰蛇も雲や霧に助けられて飛翔しているのだから、雲や霧を活かす才覚を磨かねばならない。人は、状況や場所に支えられて何事かを成就することができるのである。

もちろん、事を行なって何の支障もないということはない。それでも、世の中では、常に何か事を行なわなければならない。時期に応じて決断しなければならない。決断を下せなかったために滅んだ君主は山ほどいる。状況を読んで決断するには、相手の力を知るよりも自分の力を知ることが大切である。目は睫毛を見ることができないように、自己を知ることは難しい。自らをよく知る鋭敏な洞察力をもたねばならないと言うのである。

「自ら見る之《これ》を明と謂《い》う。」

それは、厳しい現実を生き残っていくための知恵だったのである。

韓非子が生きた時代は、戦国時代の末期、秦の始皇帝による中国統一の直前であった。彼の著作を読んで大層気に入った秦王・政（後の始皇帝）は、その著者にどうしても会いたいと思った。そこで、韓を攻めれば、韓は彼を使者として寄こすだろうとみた秦王は、突然韓を攻めた。韓は和を乞い、思惑通り、韓非子を使者に立ててきた。秦王は彼に会えて喜んだ。ところが、その臣下、李斯《りし》の讒言に韓非子は遭う。李斯は、かつて、韓非子とともに性悪説の荀子に学んだ兄弟弟子であった。しかし、それだけに、李斯は彼の才能を知り抜いていた。韓非子は牢屋に入れられ、李斯から渡された毒を飲んで獄中死した。この偉大な法治主義者は、法家の理論を集大成した著作のみを残して、非業の死を遂げたのである。しかし、この思想家の理論を徹底的に実行して、富国強兵を図り中国統一を図ったのが秦であり、始皇帝だったのである。

老子

『老子』の作者が誰なのかは分からない。その原本は、中国戦国時代の初期に作られ、その後何度か補訂や改編が加えられ、戦国末期のころ、現在の形の『老子』が出来上がったと言われる。紀元前三、四世紀のころである。

この時代の中国大陸は、打ち続く戦乱とそれに伴う不安が増大した歴史の大変動期にあった。この時代は、鉄精錬技術が発達し、農具が一新、生産性の飛躍的増大が見られた繁栄の時代でもあったが、同時に、武器が発達、中国大陸に割拠する諸国が富国強兵に狂奔した時代でもあった。文明の発達に伴う人間の悪辣化が見られた時代でもあったのである。このような諸国の激しい抗争の時代にあって、老子は世俗外に立ち、時代と人間についての深い洞察を残した。

進んだ文明は、人間を堕落させていく。けばけばしい繁栄と熾烈な抗争の中で、貧富、貴賤の差は益々激しくなり、人心は荒廃していく。老子も、戦国騒乱の世を睨みながら、民衆の窮乏も顧みないで、美服美食に明け暮れる貴族たちを、道から外れた者として批判している。それゆえ、老子は、「隣国相《あ》い望み、鶏犬《けいけん》の声相い聞こゆる」ような小さな国、少ない人口、しかも他国との往来のないユートピアを思い描いている。この老子の語った〈小国寡民〉の理想郷も、大国相食む時代の現実の裏返しだったのであろう。

また、戦国時代は、君主たちがいかにして国を治め国を強くしたらよいか苦心していた時代でもあったから、これらの君主たちに取り入る知識人たちは、賢しらな知識や知恵を売り込むのに熱心であった。過剰な美言の蔓延する時代でもあったのである。

孔子の教えを引き継ぎ仁義の政治を説く儒家思想も、戦国時代に流行した言論の一つであった。しかし、老子は、この儒家思想を激しく批判している。


「大道廃《すた》れて、仁義有り。智慧《ちえ》出でて、大偽《たいぎ》有り。六親《りくしん》和せずして、孝慈《こうじ》有り。国家昏乱《こんらん》して、貞臣《ていしん》有り」


というよく知られた老子の言葉も、ここから出てくる。自然の道が行なわれなくなったからこそ、仁義が叫ばれるようになったのであり、人の知恵が現われて騙し合いが始まったのである。親内の家族が不和になったからこそ、孝行や仁愛が説かれ、国家がひどく乱れたために、忠義な臣下が現われる必要が出てきたのであるというのである。

さらに、真実の道が失われたからこそ、仁から義へ、義から礼へと、堅苦しい徳目が主張されるようになったのであり、礼の強調に至っては最低だとも言う。

「故《ゆえ》に道を失いて而して後《のち》に徳あり、徳を失いて而して後に仁あり、仁を失いて而して後に義あり、義を失いて而して後に礼あり」

という言葉は、そのような意味である。老子は、儒家の言う礼の形式性や偽善性を批判しているのである。老子にとっては、儒家が唱える道は恒久不変の道ではなかった。

では、老子のいう道とは何か。『老子』上篇第一章の「名無きは天地の始め、名有るは万物の母」という文言は、老子の道についての言及である。道にはもともと名はないが、これこそ万物の根源であり、そこから天地が生じ、万物が生まれた、それは、すべてを生み出す母であるというような意味である。老子のいう道とは、そこから天地万物が生成してくる宇宙の根源的生命力を意味していたのであろう。それは、すでに、人為に根差す儒教の道を超えている。

老子のいう道は、現象の背後に隠れていて、名もなく形もなく、見えもせず聞こえもせず、捉えようとしても捉えられないものである。しかし、同時に、それは、万物を生み出す無限の働きでもある。

「道は常に無為《むい》にして、而《しか》も為《な》さざるは無し」

という有名な言葉はこのことを表している。道の営みは自然のままの営みであって作為がない。それでいて万物を生成する。われわれも、この道に則《のっと》って、作為を加えずあるがままに生きる、無為自然に生きるのがよいというのが老子の教えである。

万物は、必ずその根源へと帰っていく。われわれも、生まれたばかりの赤子のように、あるがままの本来の自然に立ち帰らねばならない。そして、そのような道に従うことが、老子のいう徳だったのである。

「人は地に法《のっと》り、地は天に法り、天は道に法り、道は自然に法る」

と言う。そして、このような徳を実現するには、賢しらな知識は捨て、あらゆる虚飾を捨て、余計なことを減らしに減らして、無為に至る必要がある。

「学を絶《た》てば憂《うれ》い無し」

とも言う。人為を去って、自然の大道につかねばならないというのである。

人は生まれて死んでいく。人は、「生に出《い》でて死に入《い》る」。道は、そこから生が始まりそこへと終わる無の場である。

「天下の万物は有《ゆう》より生じ、有は無《む》より生ず」

と老子は言う。無としての道から、万物は生まれるのである。車輪が車輪であるためには、車軸を通すための轂《こしき》の中心に孔《あな》がなければならないように、無が働いていてこそ、有は成り立つ。道は、有と無の一つになるところである。

善と悪も、道において一つになる。

「善と悪と、相去ること何若《いかん》ぞ」

いったい善と悪との間にどれほどの違いがあるのかと、老子は言う。是非善悪のあらゆる対立が消滅するところにこそ、宇宙の無限の活動性、道はある。道は、善悪の彼岸において働いているのである。

生死、有無、善悪ばかりでなく、美と醜、大と小、長と短、高と下、陰と陽、これらのすべての対立が消滅して一つになるところ、それが道なのである。この道において、あらゆるものは生成変化する。

「物は壮《さか》んなれば則《すなわ》ち老《お》ゆ」

とも言う。壮と老、上昇と没落も、所詮一つである。

この道の真実を知るには、己の外にあるものを追う知恵ではなく、己自身を知る明知をもたねばならないと、老子は言う。本来の自己のなかにこそ、自然大道の働きが見えてくる。老子は、人間の行為の有り方、倫理観を突き詰めながら、天地万物の根源を凝視する世界観を確立したのである。

老子は、行き過ぎた当時の文明を批判する憂世の哲学者であった。しかし、そこには、この思想家の深い孤独があったことも忘れてはならない。現に、この思想家は、知恵、学問を競い合う時代を見つめながら、それに対する深い憂慮の念を吐露するとともに、これに同調できない自分自身を自覚していた。

「吾が言《げん》は甚《はなは》だ知り易《やす》く、甚だ行ない易きも、天下能《よ》く知るもの莫《な》く、能く行なうもの莫し」

と言う。私の言葉は、たいへん分かりやすく、たいへん実行しやすいのだが、世の中に理解できる人がなく、実行できる人もいないというのである。ここには、誰にも理解されない老子の孤独があった。

「衆人は熙熙《きき》として、太牢《たいろう》を享《う》くるが如く、……我れは独り泊として是れ未だ兆《きざ》さず、……儽《るい》儽《るい》として帰《き》する所なきが若《ごと》し。衆人は皆余《あま》り有るに、而《しか》るに我れは独り遺《うしな》えるが若し。我れは愚人《ぐじん》の心なるかな、……。俗人は昭　昭《しょうしょう》たり、我れは独り昏昏《こんこん》たり。俗人は察察《さつさつ》たり、我れは独り悶悶《もんもん》たり」

（世の人は浮き浮きとしてまるで盛宴に与っているかのようである。……それなのに、私だけはひっそりとして心を動かすこともない。……くたびれて落ち着く先もないかのようだ。世俗の才人はいかにも有能人らしく振る舞っているのに、私だけは独り何もかも失ってしまったかのようだ。自分は愚人のようだ。……世俗の人はいかにも利口そうであるのに、私だけは暗闇のようだ。世俗の人はいかにも分別ありげなのに、私だけは悶々としている。）

これは、老子の心境の赤裸々な独白である。そこには、世俗と自己の間にみられる乖離の自覚と、自己の意見が世に容れられないことへの慨嘆がある。時代に対する厳しい批判と浅薄な文明に対する批判の背後には、この孤高な哲学者の憂愁の影が色濃く差していた。しかし、孤独の身にこそ、宇宙の根源は知られる。

8 美と詩

田中一村

中央画壇に背を向け、南国の離島、奄美大島に身を投じて、奄美の自然を描き続けた画家、田中一村。その畢生《ひっせい》の代表作は、誰もが言うように、「アダンの海辺」と「不喰芋《くわずいも》と蘇鉄」であろう。この絵の前に初めて立ったとき、人は水を打ったような衝撃に遭い、思わず息をのむ。吸い込まれるような呪縛力をもった作品である。

「アダンの海辺」では、前景にアダンの木が迫ってくるように描かれ、その背後に遠く海の彼方が描かれている。正面のアダンの木には、黄色く熟《う》れた大きな実が存在感を見せている。海辺を埋める小石の群は一つひとつ克明に描かれ、静かに引いていく小波《さざなみ》は水平線の彼方に消えていくように描かれている。その水平線上の空には、嵐を呼ぶような黒雲が大きく伸び上がり、その後ろの雲は、背後の落日の光に当たって金色に輝く。

近景の植物をクローズアップし、遠景に水平線や夕空を描くという構図は、一村得意の構図である。この構図のもと、「アダンの海辺」は全体として重厚な静けさが漂い、緊張感をもって見る者に迫る。この何かを象徴するような画面は単なる風景画ではない。水平線の彼方と黒雲の背後

アダンの海辺（1969年）

には、常世の国を想像させるような他界が暗示されている。この絵は、此岸の背後の彼岸、生の裏にある死を暗示しているのであろう。この作品を見ていて不思議な感覚にとらわれるのは、見える世界が描かれながら同時に見えない世界が表現されているからである。

「不喰芋と蘇鉄」も、南国の森の内部から遠くの世界を覗き見るような視点で描かれている。前景の情熱的に描かれた植物群と、遠景の静謐な風景が対称をなす。深く繁った亜熱帯の植物群は、むせかえるような生命の緊張感を漂わせ、見る者を圧倒する。遠景の水平線を切るように描かれた岩は、奄美の人たちが言う〈立神《たちがみ》〉であり、海の彼方の楽土とこの世をつなぐ守護神である。この絵も、横溢する植物群の生命力が静まり返った画面に収められ、不思議な迫力をもって迫ってくる。この作品も、この世とあの世の接点、生の世界と死の世界の境界域で描かれた作品である。

芸術作品には題材との共鳴がなければならない。芸術家は題材からその独特の形を見出すとともに、芸術家も題材に見出されて、新しい造形は可能になる。一村も、アダンやガジュマルやソテツなど、亜熱帯の樹木、クワズイモやリュウゼツランやダチュラなど、亜熱帯の植物、アカシ

不喰芋と蘇鉄（1973年以前）

ヨウビンやルリカケス、イシガキチョウやツマベニチョウなど、南国の珍しい鳥や蝶の造形的な面白さに心を奪われ、それを繊細、清楚な日本画に仕立てている。それを、自然に囲まれた街はずれの板張りの廃屋のようなところで、丹念に絹本に描き上げていたのである。描き込まれた画面のどの部分にも力が入れられていて、画面には濃密な生気が充満する。

芸術家は、自然の中に自分を身体ごと投げ出し、自然の方から語りかけてくるものを表現する。芸術家は、自然の造形に直接参加することによって、自分自身の芸術に自然を参加させていく。そのような自然との交感の中で、はじめて物の生命はとらえられる。一村も、奄美の自然に自己自身を投げ込んで、その中の一部と化すことによって、奄美の熱気や湿気まで描きえたのである。一村は、どの作品でも、奄美の植物群の生命の横溢を静かな画面に収めている。一村作品の緊張感は、動を動的に描くのではなく、動を静の中に描くことによって生じている。充満する生命を静かな画面に配置することによって、躍動と安らぎ、不安と静寂を、同時に描くことができたのである。そればかりでなく、一村作品は、陽光が差し込む明るい空間と植物の繁茂する闇の空間を同時に描き、光と影、明と暗の接触するところを表現している。優しさと厳しさ、生と死、相反するものが、その対比のもと、一つの画布の中で拮抗しているところに、一村作品の緊迫感と神秘感の源泉がある。この画家が好んで逆光の景観を描いたのもそのためであろう。

一村が、象徴となる形象の中に無限なものを表現し、目に見える世界に潜む目に見えない世界を暗示できたのも、その作品を、相反するものの境界で描いたからである。だから、作品の画面は閉鎖されていない。遠く天地に開かれている。奄美の自然が精確に描き尽くされているのだが、しかし、なぜかそこに超現実的な世界が出現してくるのは、ここに秘密がある。

奄美の自然は、この画家がそこに身を投じそれを描くまでは、そのように表現されたことはなかった。躍動的・情熱的表現と抽象的・象徴的表現の相対比される二つの方向が相交わって、一村芸術の豊かな世界が創造されている。一村は、自然観察をその極限まで推し進めて、それを精密に写しながら抽象し、写実を超えた独特の様式を作り出した。世界の内にもう一つの世界を創造すること、それが芸術である。芸術は存在の再現前化であり、再創造なのである。

一村は南画から出発し、南画家としては、すでに十代で大成してしまっていた。しかし、二十代になって、新しい日本画を目指して、そこから決別したと言われる。だが、それでも、南画で得た構図や表現法は、奄美の作品に見事に結実している。また、三十代以後の千葉時代には、日本の花鳥画の装飾性を取り込みながら、新しい日本画への挑戦を試みており、すでに立派な作品を残しているが、そこにも奄美作品の原型がある。奄美時代を代表する作品には、中国や日本で発達した南画と花鳥画の伝統が、南国の題材を得て新たに息づいている。

「アダンの海辺」や「不喰芋と蘇鉄」に見られる多視点からの表現法も、伝統的な東洋の山水画に根差すものであろう。「アダンの海辺」でも、海辺の小石は上から下を覗くような視点で描かれ、空の黒雲や金色に輝く雲は下から上を仰ぎ見るような視点で描かれている。「不喰芋と蘇鉄」でも、ハナハタママメやソテツの雌花は上から下を見下ろすように描かれ、クワズイモの葉やハスノハカズラの葉や実は下から上を見上げるように描かれている。そして、両作品とも、遠景の水平線や岩が前景の後ろに平行目線で描かれている。これらの表現法は、伝統的な深遠法や高遠法、平遠法に基づくものであろう。ありきたりの日本画にはない一村独自の花鳥画の様式には、東洋九百年の絵画の伝統が参加しているのである。

「アダンの海辺」や「不喰芋と蘇鉄」にも使われているように、近景に奄美の植物群や樹木を迫るように描き、遠景に水平線や空や雲、岩を描き、遠近感や無限感を表わすという構図は、一村の好んだ構図ではあるが、これも、北斎や広重などにある。写実的で装飾的な一村の日本画様式も、若冲や光琳につながるものであろう。強烈な存在感を示す一村の奄美作品に、日本の伝統的美意識が具現しているのである。

一村は、十八歳のとき、東京美術学校日本画学科に入学、しかし、わずか三ヶ月足らずで退学し、以後、独学の道を歩んだ。これが大きな人生の分かれ道になり、彼は、日本画壇の主流から脱落していくことになる。わが国の中央画壇は、第二次大戦後でも、審査員制度や芸術院会員制度、文化功労者や文化勲章制度に支配された権威主義的な組織になっていった。そのあげく、学閥や師弟関係が露骨にものを言い、金力や政治力がなければそこで名声を得ることができないような組織になっていった。一村も、東京で地位を獲得できる画家はすぐれた外交手段や学閥や金を持っていなければならないと考えていた。彼には、そのどれもなかったのである。

それでも、一村は、千葉時代に装飾性豊かな新しい日本画に挑戦、青龍展に「白い花」を初出品して入選したが、その後は落選。その後、日展にも院展にも度々挑戦したが、いずれも落選。彼が日展に挑戦している時代、同期生はすでに日展の審査員になっており、華やかにその画業人生を歩んでいた。一村は、自分の落選続きが画壇の引きも人脈もないせいだと思い知らされ、本流から外れた画家の悲哀を味わわねばならなかったのである。一村が、奄美の生命感溢れる動植物を題材に、新しい日本画を確立するため、奄美への旅立ちを決意したのは、画壇への道を絶たれたこと、中央画壇への絶望があったであろう。

何にも掣肘《せいちゅう》されずに思い通りの創作をし、真の美を創造するには、画壇との関係など、すべてを捨てなければならなかったのである。逆に言えば、一村のこの決意と行動は、絵を出品し、数々の賞を獲得し、それによって名誉と富を得ることが、果たして芸術とどのような関係にあるのか、〈芸術とは何か〉が問われているのだとも言える。

一村は、昭和三三年十二月、千葉の家を売り払い、過去の絆を捨てて奄美大島に単身移住。すでに五十歳になっていた。しかし、そこには、自分自身の画業の完成と新しい日本画の創造という明確な目標があった。そのためには、何よりも世俗を捨て、新しい題材の中に身を投じ、世間の評価を一切顧慮せずに、自分の良心の納得いくまで描く必要があったのである。一村が、粗末な借家を借り、紬工場で紬染色工として働き、切り詰めた生活のもと、作画のための資金を捻出できたのは、この目標があったからである。現に、一村の生涯を代表する作品は、昭和四二年夏、紬工場通いを打ち切って絵に専念することができるようになって後、六、七年間で創作されている。

一村は中央画壇に背を向けて奄美に移住したと言われるが、それだけに、また、常に中央画壇のことは念頭にあった。はじめのうちは、生涯最後を飾る絵を描き、東京で個展を開いて決着をつけたいと考えていたし、その後は、千葉で最後の個展を開きたいと考えていた。しかし、それは結果としてできなかった。最晩年には、奄美のホテルで個展を開く提案もあったが、それも実現できないままに終わった。

一村の絵に度々描かれた遠くを見据える鳥、アカショウビンは、多くの場合、何かを思い詰めたような鋭い目つきをしている。このアカショウビンは、中央画壇から遠く離れて独自の画業に打ち込んでいた孤独な画家の姿と重ね合わされているように思われる。一村の絵の抑えた表現には深い静けさと一種の翳りがあるが、そこには、果たせなかった希望への静かな諦念がある。

この一村の画業の裏に、画家としての弟の大成を願って尽くしてくれた姉がいたことを忘れることはできない。姉は、千葉時代には極貧の生活を共にし、一村が奄美に移住してからは、千葉の食料雑貨店で住み込みのお手伝いさんをし、中央画壇の様子も、一村に書き送っていたようである。しかし、昭和四十年に脳溢血で倒れ、一村も千葉に帰って看病するが、帰らぬ人となった。弟のためにその生涯を捧げた姉であった。一村の奄美での代表作は、この姉の死後に完成する。それらは、それまで支えてくれた姉の遺骨を前にして描かれたものである。「アダンの海辺」や

「不喰芋と蘇鉄」など、奄美生活のすべてを注ぎ込んだような気迫のこもった画業は、一村の画業の集大成であった。しかし、それは、姉の人生まで巻き込んだ画業だったのである。一村も、最後の傑作を一番見せたかったのは姉であったと言っている。

画壇から忘れられた孤高な画家が、人知れず異郷の地の陋屋《ろうおく》で、誰に看取られることもなく生涯を閉じたのは、昭和五二年九月十一日であった。六九歳であった。才能を秘めながら世に迎え入れられることのなかった生涯であった。芸術のために殉死したような生涯であった。芸術は一種の宿業であり苦悩である。その完成と美そのものには、厳しい孤独が必要なのである。

一つの芸術作品の創造は出来事である。自然、風土、題材、伝統、社会、人生、あらゆる出来事の結節点のところに創発してくるもの、それが創作というものである。だから、一つの作品の中には、すべての出来事が集約され参加している。新しい芸術様式は、あらゆるものの出会いから生まれてくるのである。

詩人良寛

生涯懶立身　生涯　身を立つるに懶《ものう》く
騰騰任天真　騰騰《とうとう》として　天真に任《まか》す
嚢中三升米　嚢中《のうちゅう》　三升の米
炉辺一束薪　炉辺《ろへん》　一束の薪
誰問迷悟跡　誰か問わん　迷悟の跡
何知名利塵　何ぞ知らん　名利の塵
夜雨草庵裡　夜雨　草庵の裡《うち》
双脚等間伸　双脚《そうきゃく》　等間《とうかん》に伸ばす

これは、よく知られた良寛の漢詩である。おそらく、良寛が越後国上山《くがみやま》の五合庵に住していたころの作であろう。この詩を読むかぎり、そこには、何の計らいもなく自然の流れに任せ、無心に自足している良寛像が思い浮かぶ。迷いだの悟りだのと問うこともなく、世間の名利も求めることもなく、ただ奥深い草庵の内で夜の雨の音を聴きながら足を伸ばして休んでいる良寛の静かな境涯が思い出される。騰騰任運の境涯である。しかし、この詩の冒頭で「身を立てるのに懶《ものう》かった生涯であった」と来し方を回想してもいるように、そこには、この沙門でもなく俗人でもなかった僧のどこか翳りのある人生が暗示されている。

良寛は、江戸宝暦年間、越後出雲崎の大庄屋の家に生まれ、十一歳のとき大森子陽の塾に入門して儒学を学び、十六歳から名主見習い役を務めた。一説によれば、父（以南）は、本当の父ではなかったのではないかとも言われる。しかも、安永年間に入ると、時代の変化とともに家運は傾き、刺々しい争いごとが続いた。魯直頑愚で世才などもちあわせていなかった少年は、是非善悪の対立の世を煩わしく思ったに違いない。そして、醜い紛糾に耐えられなくなった少年は、弟に家督を譲る書置きをして家出、寺に逃げ込んだ。父を捨てて出奔したのである。そして、二十二歳のとき、その地を訪れた國仙和尚に随行して、備中玉島の曹洞宗圓通寺に行き、そこで十余年辛苦修行した。

その修行のありさまは、師家の室に入っての問答にも誰にも遅れをとらず、朝の参禅もいつも率先してやったというから、真剣なものだったのであろう。しかし、まわりには、大衆に説法するためのみの仏法があり、口だけ達者で内実のない僧の群があった。経を説く僧も、確かに立て板に水のように雄弁ではあるが、本来のことに関しては一つも間に合うものはなかった。それでいて、彼らは、自ら有識者と自認して憚らなかったのである。圓通寺で良寛が見たものは、俗世と同じ立身のみを求める僧侶たちばかりであった。良寛は、圓通寺にあっても、なお我が道の孤なることを悟らざるをえなかったのである。門前の町の人とも、誰一人顔見知りがないほどだったという。

さらに、良寛自身、國仙和尚による道元の『正法眼蔵』の提唱を聴くに及び、独り力を用いることの空しさを悟るに至った。圓通寺で一心に修行しはしたが、「虎を描いて猫も成らず」と言っているように、良寛は、ついに寺僧として成功することはなかったのである。

こうして、圓通寺での修行の空しさを悟った良寛は、師の許《もと》を辞して翻身、全国行脚《あんぎゃ》に出立した。その五年に及ぶ行脚の旅の足跡は定かではないが、ここでも、失望を招くものであったようである。良寛は、仏法を広めることを期して、古老の門を敲《たた》いて問法もしたが、もはや祖師・道元の仏法を正しく伝えうるほどの者はどこにもいなかった。事実、その当時の曹洞宗の宗門をはじめ仏教界も沈滞していたようで、それを、行脚していくうちに目の当たりにして、本来もっていた衝天の志気も失われていった。

「唱導詞」という長詩の中では、次のように言われている。これは、当時の曹洞宗の衰微と退廃を慨嘆した激情の詩である。

風俗年年薄　風俗　年年薄く
朝野歳歳衰　朝野　歳歳に衰《おとろ》う

人心時時危　人心　時時に危《あや》うく
祖道日日微　祖道　日日に微《かすか》なり
……
巴歌日盈岐　巴歌《はか》　日《ひび》に岐《き》に盈《み》つ
吁嗟余小子　吁嗟《ああ》　余《われ》　小子
遭遇於此時　此の時に　遭遇す
大廈将崩倒　大廈《たいか》の将《まさ》に崩倒《ほうとう》せんとするや
非一木所支　一木の支うる所に非《あら》ず
……

良寛にとっては、当時の僧侶も俗人も、上も下も年ごとに軽薄化し、人の心は荒《すさ》み、祖師の遺法は廃れてしまったと受け取られたのである。大きな家が崩れ落ちようとするとき、どうして一本の木で支えることができようか。俗っぽい歌ばかりが日に日に溢れている時代、無力な修行僧一人が正法を説いて宗門の弊害に挑んだとしても、もはやどうにもならなかったであろう。

良寛が出家の世界で見たものは、あまりにも世俗的な僧侶らの堕落であった。修行に努めず道心なき僧たち、師家の語り口を真似てそれに追随し出世を目指す僧たち、昼夜大声を出して説教しながら、本心はただ口腹のために一生俗事に心を費やしている僧たち、悟りもしていないのにいかにも悟った風をならし俗人を誑《たぶら》かす僧たち。このような末世の風潮が純朴さを払いのけてしまった状況の中で、良寛は何もすることができず、自己の立ち位置を見出せなかったのであろう。ある詩の中では、「已《や》んぬるかな、復《ま》た何をか陳《の》べん」とさえ言っているが、そこには、殺伐とした精神的情景の中で呆然と立ち尽くす一修行僧がいた。良寛がその後何度も詩の中で述懐しているように、ここには、当時の宗教界の風潮に対する憤《いか》りと哀しみ、そして孤独が秘められている。

世は世俗化の時代であった。泰平に甘えて人心は弛み、人を騙して自慢するペテン師が蔓延《はびこ》り、世情は駆けるような勢いで軽薄へと流れた。文化文政の時代である。事実、そのころ、江戸では、狂歌や狂詩、戯作や戯文、浮世草子や洒落本が流行《はや》り、学者や詩人は言葉の吟味だけに励み、つまらぬ言句を弄《もてあそ》び、絶えず新奇な知見を追いかけていた。良寛の詩には、世相の頽落に対する悲嘆が散りばめられており、しかも、そう言わねばならなかった苦渋の気分が漂っている。その時代に対する鋭い批判を読むと、良寛は、現実に対して超然としていた人ではなかったことが分かる。

良寛がすべてを捨てて故郷越後に帰り、国上山の五合庵に籠ったのは、このような退廃した状況にあって、もはや正道を広めることも不可能と悟ったことによるであろう。もとより、良寛には、俗化した宗門を立て直し、そこで身を立てるほどの能力も才覚もなかった。詩の中では、「歳月が私の味方になってくれなかった」と言っているが、そこには、良寛自身の挫折と諦めがあった。逆に言えば、良寛の安心立命は、人心の教化に当たるという宗教家としての道を断念し、そこから脱落し、限りない寂寥の中に住まうことによってのみ得られたのだとも言える。出雲崎の生家を出奔してから二十余年のことである。以来、良寛は、人に向かって法を説くことはなかった。宗教家になるには、あまりにも詩人でありすぎたのである。

蕭条三間屋　蕭《しょう》条《じょう》たり　三間《さんげん》の屋《おく》
終日無人観　終日人の観る無し
独坐間窓下　独り間窓《かんそう》の下に坐し
唯聞落葉頻　唯だ落葉《らくよう》の頻《しき》りなるを聞く

寒炉深撥炭　寒炉　深く炭を撥《はら》ひ
孤灯復不明　孤灯　復《ま》た明《あき》らかならず
寂寞過半夜　寂寞《せきばく》として半夜を過すに
透壁遠渓声　壁を透《とお》して渓声遠し

これらも、五合庵に住していたころの作であろう。秋、誰も訪れることのないものさびしい小さな庵で、独り坐っていると、落ち葉の降りしきる音が聴こえてくる。冬、ぽつりとともった灯の下、眠れずに夜半を過ごしていると、遠くの谷川の音が聴こえてくる。深山に独り在る者のみに聴こえてくる自然の声が、これらの詩ではかえって辺りの静寂さを引き立てている。良寛の詩は、どれも透明な寂しさに包まれ、沈痛なほどの深い愁いに満ち、果てしない孤独感を感じさせる寂寞とした心境を伝えている。

もともと、多感繊細な感性の持ち主であった良寛は、長い修行過程で、すでに是非善悪の看破に飽き、到るところ意に叶わず、為すところなく故郷に帰ってくるしかなかった。その無力感や憂愁の感情とひとつになった自然の響きを、この詩僧は伝えている。転変する世の中を繋がざる舟のように生きていく人生は一場の夢のようである。良寛は、それを、人里離れた侘び住まいの中でじっと見ていたのである。大自然の流転に任せた騰騰任運の生き方の背後には、そのような悲しいばかりの孤愁の情があったのである。

良寛が住した五合庵は、大正時代に再建したものが今も国上山中腹にあり、鬱蒼とした木立の中でひっそりとした佇まいを見せている。新緑のころには不如帰《ほととぎす》が啼きしきり、秋には紅葉が降りしきるが、真冬ともなると豪雪に埋まり、渓谷の音も途絶えるという。

寒山詩を読む

森鷗外に、「寒山拾得」という短篇がある。

唐の貞観の頃、台州の主簿・閭丘胤《りょきゅういん》の頭痛をまじないによって治した乞食坊主がいた。それは、天台山・国清寺に住む豊干《ぶかん》という僧であった。豊干の言うところによれば、国清寺から少し離れた石窟に寒山という者が住んでいて、国清寺の台所で食器洗いをしていた拾得のところへ残飯をもらいにくる。しかし、実は、寒山は文殊の化身、拾得は普賢の化身だという。そこで、閭丘は国清寺を訪ね、二人を礼拝した。すると、二人は顔を合わせて、腹の底からこみ上げてくるような笑い声を出したかと思うと、「豊干が喋ったな」と言って、厨《くりや》を駆け出して逃げて行ったという。

この鷗外の短編は、大体、寒山詩集の閭丘胤の序に基づくもので、伝説化されていて、ほとんど事実を伝えるものではない。この閭丘胤が、寒山と拾得の詩を集めて一篇としたというのだが、それも擬作であろう。何より、鷗外も疑っているように、そのような高級官僚が唐時代にいたかどうかも定かでない。

これまでの考証によれば、寒山は、中唐以降のおそらく名も無き居士だったのであろう。その遺した詩は、自伝的なもの、世相や僧侶の批判、道教批判、教訓詩、そして、山林幽隠の興を歌ったものなど、多種多様である。

「生れて従《よ》り是《こ》れ農夫なり」と言っているから、寒山は、もと農民だったのであろう。ところが、他人から非難を被《こうむ》ったのと、あまつさえ自分の妻に逃げられてしまったために、世俗の煩わしさを断ち切って旅に出、仕官の道を探したようである。

寒山詩の中で『文選《もんぜん》』の文章を自在に駆使し、「書を読み兼ねて史を詠ず」と言っているところをみれば、作者は相当な知識人であり、教養人であったことが分かる。おそらく寒山も、科挙の試験を受けて官途に就こうとしたのであろうが、例に漏れず失敗しているのであろう。特に、安史の乱以後の世相は混乱していたから、結局、挫折、諦めの道しか残っていなかった。そのこともあって、寒山詩には不遇な知識人に対する同情や書生の貧困を嘆く詩がある。

吁嗟貧復病　　吁嗟《ああ》　貧にして復《ま》た病む
爲人絶友親　　人と為《な》り友親を絶す
甕裏長無飯　　甕裏《おうり》　長《つね》に飯無く
甑中屢生塵　　甑中《そうちゅう》　屢々《しばしば》塵を生ず
蓬菴不免雨　　蓬菴《ほうあん》　雨を免かれず

（甕裏　甕《かめ》の中）
（甑中　甑《こしき》の中）

漏榻劣容身　漏榻《ろうとう》　劣《わず》かに身《からだ》を容《い》る　（漏榻　雨漏りするベッド）
莫怪今顦顇　怪《あや》しむ莫《なか》れ　今ま顦顇《しょうすい》することを
多愁定損人　愁い多ければ定《かな》らず人を損《そん》ず

また、優れた才能を持ちながら世に容れられず、孤独のうちに暮らす知識人の姿を、悲痛なばかりに歌う。そこには、寒山自身が反映されていると見ることができる。

極目兮長望　目《まなこ》を極めて長望すれば
白雲四茫茫　白雲は四方《よも》に茫茫たり
鴟鴉飽腲腇　鴟鴉《しあ》は飽いて腲腇《わいたい》　（鴟鴉　梟《ふくろう》）
鸞鳳飢傍徨　鸞鳳《らんほう》は飢えて彷徨《ほうこう》　（鸞鳳　鳳凰）
駿馬放石磧　駿馬は石磧《せきさく》に放たれ　（石磧　砂漠）
蹇驢能至堂　蹇驢《けんろ》は能《よ》く堂に至る　（蹇驢　びっこの驢馬）
天高不可問　天高くして問う可からず
鷦鷯在滄浪　鷦鷯《しょうきょう》　滄浪《そうろう》に在り　（鷦鷯　みそさざい）

梟は腹を膨《ふく》らせてゆったりしているのに、鳳凰は腹を減らして彷徨《さまよ》っている。駿馬は砂漠に追放され、びっこの驢馬は座敷に通される。なぜか、しかし、天に問いただすこともできないというのである。「焉《いず》くんぞ知らん　松樹の下《もと》、膝を抱《いだ》きて冷颼《れいしゅう》颼《しゅう》たらんとは」と語っているところをみれば、寒山は、流落を嘆く愁いの人でもあった。

かくて、寒山子は、すべてを捨てて国清寺近くの寒巌に隠棲した。もと何らかの形で国清寺にいたこともあるらしいが、二十年ぶりに帰ってきたという。もっとも、時々山を下りて民衆説教もしたようであるが、「寒山は痴人なり、風顛《ふうてん》なり」と言われ、皆に笑われたという。寒山という人は、僧でもなく俗でもなく、時代からの脱落者、アウトサイダーだったのである。

それゆえにまた、寒山詩には、当時の知識人や出家、俗人を鋭く批判する詩が多数残されている。卑俗な歌を唱して愚者の賞賛を得る輩《やから》。諸芸に優れてはいるが、心中に慙愧なく、真理の消息に通じていない知識人。仏法について何の知見もないのに、俗人を誑《たぶら》かして、これが道だと悟りすましている出家。難しい学問に浮身をやつし、経典のことはよく談ずるが、戒を破り律文に違いながら仏法の第一人者を気取る無信の僧など。それらが痛烈に批判されている。寒山は、必ずしも枯れきった隠遁者ではなく、多感な一面を持った時代の批判者でもあった。

それだけに、世の中の人々の生きようのよく見えていた人でもあった。われわれは、あたかも盆中の虫にも似て、塵蒙《じんもう》にまみれて同じところをぐるぐる回っている。苦楽が交々に身に迫ってきて果てしもない。生死去来を繰り返し、六道三途、無明《むみょう》の世界を追いかけている。しかも、人生は百にも満たないのに、人は常に千歳の憂いを懐《いだ》く。

時の流れは矢のように速く、人の生涯は、浮き草のように長しえ《とこ》に漂うて、飛蓬《ひほう》のように息うことがない。桃花も、その花の盛りを夏まで持ち越そうと思っても、風月は待たない。朝朝《ちょうちょう》花は遷《うつ》り落ち、歳歳《さいさい》人は移り改まる。人生は儚く、美は無常である。

誰家長不死　　誰《た》が家か長《とこし》えに死ならざらん
死事舊來均　　死の事　旧来均《ひと》し
始憶八尺漢　　始め八尺の漢と憶《おも》いしに
俄成一聚塵　　俄《にわ》かに一聚《いちじゅ》の塵と成る
黄泉無曉日　　黄泉　曉日《ぎょうじつ》なし
青草有時春　　青草　時有りてか春
行到傷心處　　行きて傷心の処《ところ》に到らば
松風愁殺人　　松風《しょうふう》　人を愁殺《しゅうさつ》す

永劫の時は、流れ去る川にも似ている。浮生《ふしょう》の幻は、灯火の燃えさしのようでもある。早朝に滴り落ちた露もすぐに消えてしまう。人もすぐに年老い、瞬く間に丘の辺の墓の中に納まる定めから逃れられない。このような人間の生きようを、寒山は、峻厳な山腹から凝視していたのである。

その寒山が隠棲した天台山は、たたなわる峰々が重なり、連なる谷々を道は幾曲がりもして、車馬の轍《わだち》の跡もない。雲は、緑なす深淵の水に洗われるかのようである。春ともなれば、自然の佇まいは新鮮に甦り、秋ともなれば、松は風とともに歌を歌っている。このような大自然の中で、寒山は、世の塵累《じんるい》に煩わされず、すべてをうち捨てて、秋江の水のように春秋を過ごしていた。白雲を友とし、任運自在に、天地を改変に任して幽居を楽しんでいたのである。しかし、この幽居の背景には、深い落魄と憂愁の情があったことは忘れることができない。

寒山唯白雲　　寒山は唯《た》だ白雲のみ
寂寂絶埃塵　　寂寂《せきせき》として埃塵《あいじん》を絶す
草座山家有　　草座　山家に有り
孤燈明月輪　　孤燈　月輪明らかなり
石牀臨碧沼　　石床　碧沼《へきしょう》に臨み
虎鹿毎爲鄰　　虎鹿《ころく》　毎《つね》に隣《りん》を為す
自羨幽居樂　　自ら幽居の楽しみを羨《ねが》い
長爲象外人　　長《とこし》えに象外《しょうがい》の人為《な》らん

人の生は幻のごとく空《くう》である。空を観ずれば、世界はますます静寂となる。このような澄みきった境地を、人跡を断った寒山という地上の理想郷として、寒山詩は象徴的に描写している。

古来、中国でも日本でも、寒山拾得は、水墨画の格好の画題になってきた。ただ、そこでは、大笑する蓬髪破衣の寒山拾得の姿が描かれることが多かった。そのため、寒山拾得は、不思議な奇矯さをもった変わり者という印象が植えつけられてきた。中国宋元時代の梁楷、牧谿、因陀羅の描く寒山像もそうだし、わが国の南北朝から室町にかけての明兆、霊彩、松谿もそうである。それらは、ほとんどみな、寒山詩集の冒頭につけられた閭丘胤の序の影響のもとにある。

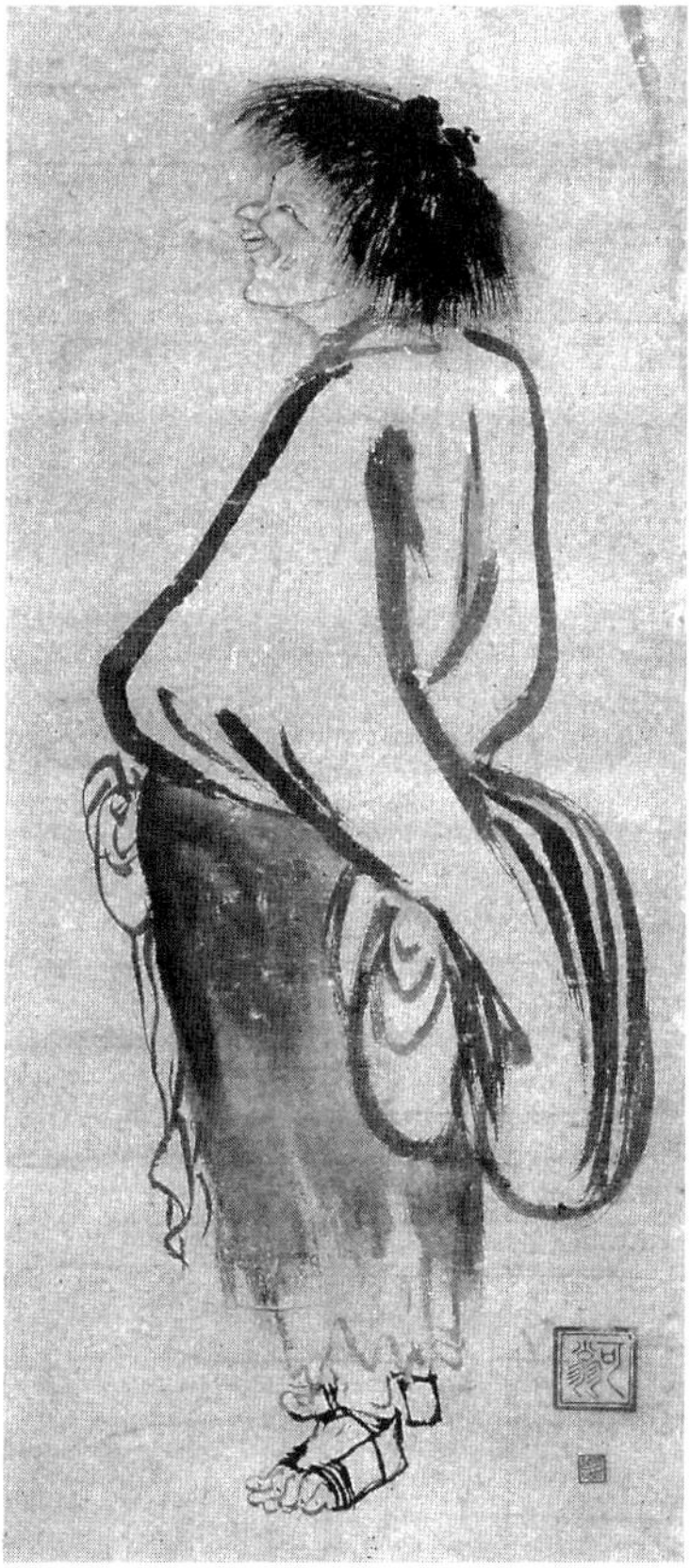

可翁の寒山図（南北朝前半）

ただ、比較的寒山の実像を伝えていると思われるのが、わが国の南北朝前半の画僧、可翁の描いたいくつかの寒山図である。後ろに大きなふところを垂らしながら手を組み虚空を見つめている寒山像、下界をじっと見据えている寒山像、古詩を喃喃と読んでいる寒山像などである。それらは、確かに、寒山詩の内容をよく伝えている。

9　業と救い

阿修羅の祈り

奈良時代、豪華絢爛とした天平文化の栄えた古都・奈良は、奈良七大寺が立ち並ぶ平城京の条坊を今も残している。その古代の東六坊大路に当たる通りの東側は急な傾斜になり、そこを登ると、七大寺の一つ興福寺の境内に入る。興福寺の堂塔は、春日の山々を背景にして、平城京から北東の方向に広がる見晴らしのよい台地に佇んでいる。法相宗大本山・興福寺は、藤原氏の氏寺として奈良時代から栄えた。よく知られた興福寺の阿修羅像は、今は国宝館に展示されているが、もとは、他の八部衆や十大弟子、そして本尊の釈迦如来とともに、天平六年に建立された西金堂《さいこんどう》に安置されていた。西金堂の建立を発願したのは、聖武天皇の皇后、光明皇后であった。母の橘三千代の菩提を弔うためであった。

国宝館に展示されている阿修羅像は、三面六臂（三つの顔と六本の手）の鬼神の形をした神像であるが、可憐な少年像である。胴体と腕はごく細く華奢である。上の二本の手は空間に自由に延び、中の両手は何かを抱えるようにしており、前の手の一組は胸の前で合掌している。阿修羅像は、他の八部衆と同じく仏法の守護神でありながら、憤怒相ではなく、むしろ繊細で、内に向かった微妙な心の動きを表わしている。特に、その眉をひそめた目には憂いの影が漂い、その奥に厳しさを秘めている。その表情は、苦しみに耐えているようでもあり、何か激しい苦悩を忍んでいるようでもある。その悲しげな視線は、心の中を内省しているようでもあり、外の何かを直視しているようでもある。この少年は何を見つめているのであろうか。そして、何を憂い何を祈っているのであろうか。そこには、阿修羅が歩んできたいわば前世の悲哀が隠されているようでもある。阿修羅は、一体どんな旅をしてきたのか。

阿修羅（アスラ）は、もとユーラシア大陸中央部で活動していたインド・ヨーロッパ語族のアーリア人が崇拝する太陽神、光の神であった。後、分かれてイラン高原に移動した古代ペルシア人は、ゾロアスター教を創造し、アスラをアフラ・マズダー（叡智の主）として、宇宙の理法の体現者にまで高めた。また、分かれてインドへ侵入してきたアーリア人も、初期ヴェーダー時代には、なお、アスラを、命を与える者、万物創造の神として、この神に最高神的地位を与えていた。

ヒンドゥー教の叙事詩『マハーバーラタ』に出てくる乳海攪拌神話でも、アスラはなおその地位を保っている。同じ天空神であったインドラをはじめとするデーヴァ族は、アスラをはじめとするアスラ族と協力し、巨大な山に大蛇を絡ませ綱引きし、原始の海を掻き混ぜたところ、大海は乳海になり、そこから女神・白馬・宝珠などが現われ、最後に不死の霊薬アムリタ（甘露）が出現したという。ここでも、アスラは、生命の永遠を約束する創造神になっている。

ところが、インド神話では、アスラは、時代が降《くだ》るにしたがって、悪神へと没落していく。天界に住む神々の王、インドラが強調されるのに応じて、それと対照的に、アスラが悪神にされていったのである。こうして、アスラは、インドラとの絶えることのない戦いを繰り広げる猛々しく恐ろしい軍神として描かれるに至った。仏典でも、阿修羅は、須弥山《しゅみせん》の北にある大海底に住み、天上の神・帝釈天（インドラ）と凄まじい戦いを繰り広げる悪神として扱われている。非天の地位に落とされたのである。しかも、阿修羅は常に敗北する。

さらに、インド神話でも、仏典でも、阿修羅は、日食や月食を引き起こす力をもつ鬼神ともされている。興福寺の阿修羅像の天上に挙げた左右の第二手は、半円形の太陽と月を持ち上げていたであろうと考えられ、左右第三手は、弓矢を持っていたであろうと考えられているのは、このインド神話や仏典に基づいている。

この阿修羅の永遠の戦いには、もとは善なる創造神であったのに何ゆえに悪神に貶められたのかという憤りもあったに違いない。阿修羅は、そのような終わることのない苦痛の中で、戦うことの苦しみを永遠に背負っているのである。仏教で、妄執によって苦しむ闘争の世界を〈修羅道〉と言い、六道の一つに数えられているのは、この神の苦悩の旅を反映している。人は、前世の業によって、地獄、畜生、餓鬼、修羅、人間、天と、六道を輪廻していかねばならないという。怒りや戦いの止むことのない状況を〈修羅場〉と言っているのもこのことによる。

しかし、また、仏教では、阿修羅は八部衆の一人として仏に帰依し、仏法を護持する守護神ともなる。現に、『金光明最勝王経』の「夢見金鼓懺悔品《むけんこんくさんげぼん》」でも、婆羅門《ばらもん》の打つ金鼓《こんく》の音に十大弟子も八部衆も耳を澄まし、釈迦如来に帰依する様子が描かれている。阿修羅もその一人であった。『金光明最勝王経』では、過去に罪を犯した者は、その業障により六道など救いのない悲惨な世界に落ちるが、懺悔によってこの悪業や煩悩を消滅させ、心を浄化すれば必ず救済はあると説かれている。興福寺の西金堂に安置されていた十大弟子や八部衆の群像は、この『金光明最勝王経』の説く懺悔の修法を行なっている法会《ほうえ》の瞬間を、いわばジオラマにしたものといわれる。阿修羅像の眉間から発せられる厳粛な表情も、おそらく、金鼓の響きに聞き入り懺悔し心を浄化させようとしている少年の心の動きを表わしたものであろう。

しかし、懺悔は、単に罪を悔い改めて救われきってしまうことではなく、むしろ、自らの中の罪悪をじっと見つめること、そしてその負荷に耐えることではないか。人間は煩悩に迷い、生死に迷う存在である。人生の現実は、苦や悪、罪に満ちている。人間は、貪欲、瞋恚《しんに》、愚痴、あらゆる無明から逃れられない。生きるということは煩悩とともに生きるということである。憂いを含んだ阿修羅の眼差しは、この自己の内の、そして外の、どうすることもできない罪悪を凝視している眼差しではないか。内面の罪を見ることは外面の罪を見ることであり、外面の罪を見ることとは内面の罪を見ることである。阿修羅の深く貫き通すような眼差しのなかでは、この二つの厳しい視線が照射し合っている。

仏は一切衆生を救うというが、衆生は現に苦しんでいる。現実は、救い難く醜いものである。

阿修羅の視線には、仏果によって救われることへの歓喜よりも、むしろ、救い難い人間の罪への悲傷の感情が表われている。確かに、阿修羅は、自分の心の中と外の罪業を見つめ、今、仏の救いの中に帰依しようとしているのだが、そこには救われきってしまうことへのためらいさえ感じられる。それほど、この神は、人間の奥深くにある苦悩、悲哀、この世の罪を深く見つめているのである。

阿修羅は、善と悪、煩悩と救い、悟りと迷いの狭間に立つ神なのである。煩悩生死の足下に仏の救いや悟りはあるが、逆に、仏の救いや悟りの足下に煩悩生死の世界はある。阿修羅は、真理と非真理の境界に立って、非真理の重荷を背負うと同時に真理の重荷をも背負っている。そこに、この神の二重性がある。

争いが絶えない世の衆生の苦しみを一身に背負い、その苦しみを直視しつつ救いを求める。その苦悩と救済の狭間にこそ、祈りはある。胸の前でグッと肘《ひじ》を張って手を合わせている阿修羅の合掌の姿は、煩悩と救いの間に立った祈りの形である。人間の罪悪を厳しく見つめながら、その苦痛に耐え、しかも救いを求める形を表現するには、純粋多感で、それゆえに世の矛盾を知り出した美しい少年の祈りの姿でしか象徴することができなかったのであろう。

阿修羅は、長大な時間と空間を生きてきた。善神から悪神へ、悪神から善神へ、善神ともなり悪神ともなった阿修羅の長い遍歴には、善悪の渦巻く人間世界の歴史が重ね合わせられている。その栄光と挫折、闘争と敗北、激しい怒りに焼き尽くされてしまいそうな修羅道を潜り抜けて、その果てに辿り着いた阿修羅の祈りの姿は、われわれに何か深いものを語りかけている。

あおによしと称えられた奈良、そのきらびやかな仏教文化の栄えた天平時代も、決して安泰な時代ではなかった。天平時代そのものが、長屋王の変という異変から始まっている。皇親勢力の巨頭として藤原氏を圧倒していた長屋王が、藤原氏出身の光明子の立后を目指す藤原四兄弟の陰謀によって、自害に追い込まれた事件である。無実の罪であった。ところが、その光明皇后を後ろ盾に政権を奪還した藤原四兄弟も、まもなく、天然痘の流行によって相次いで死去してしまう。弱体化した藤原氏に代わって政権を握った橘諸兄《もろえ》は、政権を奪い返そうとした藤原広嗣の乱を鎮圧しはしたが、藤原氏の政権奪還の企ては続く。藤原仲麻呂が、光明皇后の権威を背景に政権と軍権の両方を掌握し、橘諸兄を失脚させるに至ったのである。その藤原仲麻呂も、橘諸兄の子・奈良麻呂のクーデター事件を鎮圧したものの、光明皇太后の崩御以後は急速に権力を失い失脚、自ら乱を起こし、討たれて滅亡する。

さらに、権力闘争に明け暮れる中央政界とは裏腹に、世の中は、租税や労役の負担に耐えられなくなった人民の逃亡や浮浪が相次ぎ、疫病の流行や飢饉や天災の頻発などで疲弊した。天平時代とは、そのような時代だったのである。

煩悩と救いの狭間を凝視している孤独な阿修羅像の視線は、このような闘争と悲惨な事件の渦巻く修羅場をじっと見つめてきたのである。

興福寺も、平氏の焼き討ちに遭うなど、何度も火災に遭ったため、阿修羅像の安置されていた西金堂は、今は基壇のみが残っているだけである。跡地の北東の一隅には、夏ともなると、炎天下、百日紅の花が咲き続けている。

越後の親鸞

新潟県上越市五智に、五智国分寺がある。その境内に、流罪になった親鸞が越後で最初に暮らしたといわれる草庵、竹之内草庵がある。現在あるのは再建されたもので、当時のものではないが、親鸞は、この草庵で約一年を過ごしたという。ここは、もと、越後国の国府があったところである。親鸞は、その後、近くの小丸山、竹《たけ》ヶ前《はな》草庵に移り、関東に旅立つまでの間、ここに暮らした。現在は、そこに本願寺派・国府別院が建てられている。

親鸞は、建永二年（一二〇七年）春、専修《せんじゅ》念仏禁止の法難によって、越後国国府に遠流《おんる》になり、還俗《げんぞく》させられて、藤井善信《よしざね》という俗名を賜った。親鸞は、修行していた比叡山を二十九歳のとき降り、専修念仏の教えを説いていた法然に帰依していた。だが、この法難によって、法然をはじめ、多くの法然門下が死罪または流罪に処せられたのである。親鸞もその一人であった。

しかし、流罪地、越後での親鸞は、必ずしも流人としての過酷な生活を強いられたようではなく、かなりの厚遇を受けていたと思われる。親鸞の配所と定められた越後国の知行国主は、摂関家の一つ九条家の前関白・九条兼実《かねざね》であった。兼実は、かねてより法然の信仰に厚く、法然や親鸞の配所決定には何らかの配慮をしたと思われる。また、兼実の配下で、親鸞の妻恵信の父、三善為教《ためのり》は、三代続けて越後介《えちごのすけ》の任に当たっており、所領も越後の国府近くにあったようである。しかも、三善家も法然に帰依していた。さらに、法難当時、越後国権介《ごんのすけ》を臨時に努めた日野宗業《むねなり》は、親鸞の伯父に当たり、親鸞の配所決定に何程か関わっていたと思われる。そういう配慮のもと、親鸞は、当時の越後国郡司、萩原年景のもとに預けられ、五智国分寺に身を寄せたのであろう。

親鸞は、すでに、法難以前に京都で恵信と結婚していたと思われるが、法難に遭い、恵信もおそらく親鸞とともに越後に下ったのであろう。この妻を伴った配流の生活中に、次男の信蓮房明信が生まれている。親鸞の赦免は、配流から五年後にあったが、赦免後も、親鸞は二年越後に留まっている。赦免後も京都に帰ろうとしなかったのは、その間に法然が死に、もはや師事すべき師をもたなくなったこと、幼児を抱えていたことなど、いくつかの理由が考えられるだろう。

この流謫《るたく》の生活の間、親鸞が専修念仏の布教をしたかどうかは分からない。ただ、都育ちの親鸞は、流罪地越後で初めて農民や漁民の生活を知り、田畑を作り海川で魚を捕る民衆と交わりをもったと思われる。

晩秋の越後は、大陸から北西の強い季節風が吹き始め、初冬ともなると霙《みぞれ》や霰《あられ》が交じった風雨になり、寒さが肌に凍み込む。この厳しくうら寂しい越後の気候風土を体験し、親鸞は、大自然の中での人間の無力を自覚したであろう。そして、暴風雨のように荒れ狂う人間の罪の濁流を深い悲傷の中で実感したであろう。しかし、同時に、そういう罪ある人間にこそ仏の救いはなければならないという確信も強くしたであろう。

晩年に制作した『高僧和讃』の中でも、親鸞は次のように言っている。

濁世《じょくせ》の起悪造罪は
暴風駛《し》雨《う》にことならず
諸仏これらをあはれみて
すゝめて浄土に帰せしめり

親鸞が、自らを非僧非俗と称し、愚禿親鸞と名乗ったのは、流罪地越後においてであった。親鸞、三十五歳のときであった。親鸞が自らを〈僧に非ず〉と言ったのは、罪に処せられ僧籍を剝奪されたからであるが、そこにはもっと深い意味があったであろう。もはや自力で悟りを開くこともできない罪悪深重《じんじゅう》、煩悩具足の一人間に過ぎないという自覚がそこにはあったと思われる。しかし、それゆえにこそ仏の救いはあると考えたから、〈俗に非ず〉と言ったのであろう。ここには、矛盾したものが相接する宗教的真理が語られていると言わねばならない。親鸞は、越後に流されて、改めて自分自身の内と外とを見つめ直したのである。

初冬の冬告げ雷とともに、越後は雪の季節を迎える。越後は豪雪地帯である。しかも、十二月から三月にかけて、初雪から早春の日差しが戻ってくるまでは、延々として鉛色の曇天が続く。冬の北越は、なんとなく陰鬱さを湛えた気候風土なのである。北越の人々は、この長い冬籠りの間、雪に対する忍従の生活を強いられる。

親鸞が配所の越後国府に着いたのは春三月のころだったというから、北越にもすでに早春の日差しが戻っていたとは思われるが、北国の山々にはなお残雪が見られていたことであろう。北越といっても、親鸞が配所生活をしていた海岸辺りは比較的雪は少ないが、少し山沿いに行けば、驚くほど雪は深まる。

親鸞は、越後の地で自然の厳しさを肌身で感じ、人知の及ばない自然の偉大な力を経験して、自然に対する人間の弱さや自分自身の無力を自覚したであろう。都を追われ、厳しい自然の前に立った親鸞が身に沁みて体験したことは、自己の無力や弱さであった。しかし、真の宗教心は、この自己の無力や弱さの自覚から湧き出てくる。自分自身はいかなる行もなしえない無力な人間に過ぎないという自覚が、人間を超える大いなるものへの信頼に結びついたとき、本当の信仰は生まれる。

罪の問題も、自己の無力と弱さを自覚させる。われわれは、一生、煩悩の濁水の中に喘ぎ苦しみながら生きている。人間は、貪愛《とんない》、瞋憎《しんぞう》、あらゆる煩悩の迷いの中に沈淪している存在である。このような常没流転《じょうもつるてん》の身には、どのような自力の行も及び難いと言わねばならない。

とはいえ、大量の雪を降らせる黒雲に覆われた越後の冬空にも、雲間から太陽の光が差し込むことはある。光を遮る雪雲はより黒さを増すが、日の光に当たった部分は金色に輝き、雲間から差し込んだ光は雪原を照らして、雪の白さを増す。雪の越後で、親鸞はこのようなことも体験したに違いない。そして、たとえ煩悩に遮られて救いを見ることのできない無力な自己であっても、無力であるがゆえに救いはあるという実感を強くしたに違いない。

晩年に完成された親鸞の主著『教行信証』の基調にも、この越後での風雪の年輪が刻まれているように思われる。『教行信証』（行巻）の末尾で謳われている「正信念仏偈」でも、次のように言われている。

摂取の心光つねに照護《しょうご》したまふ
すでに能《よ》く無明《むみょう》の闇《やみ》を破すといへども
貪愛瞋憎《とんないしんぞう》の雲霧《うんむ》
つねに真実信心の天を覆《おお》へり
譬《たと》えば日光の雲霧に覆はるれども
雲霧の下明らかにして闇《くら》きなきが如し

貪りと怒りの雲や霧にわれわれの心は覆われているが、あたかも、太陽が雲や霧に覆い隠されていても、その雲や霧の下は明るく闇がないように、仏智に対する疑いの心はすっかり照らされているというのである。親鸞の絶対他力の信仰は、流罪地越後においてより深まり、大地にしっかり根を下ろしたのである。

新潟県上越市の海岸辺りの浜、居多ヶ浜《こたはま》は、親鸞が配流となって最初に船で上陸したところと伝えられている。遠流の処置を受けた親鸞は、都を立ち北陸路を北上、親不知・子不知の難所を越えて、小野浦《このうら》から船に乗って、居多ヶ浜に着いたといわれる。しかも、親鸞が一年ほど過ごしたという五智国分寺も、もとは、もっと海岸近くにあったとされる。とすれば、親鸞は、日本海の波の音を聞きながら配所の暮らしをしていたことになる。

冬の日本海は、強い烈風に煽られ、荒々しい波が海鳴りを轟かせて押し寄せる。降る雪をすぐに呑み込む灰色の海は、北国の寂寥感を身に沁み込ませる。しかし、春から夏にかけての越後は比較的好天に恵まれ、日本海の波も穏やかで、海風も爽やかである。そして、夕日が海面を輝かせて水平線に沈んでいくとき、太陽の大きさはより大きく見える。

関東や晩年の京都で制作された『教行信証』や「正信念仏偈」、そして各種「和讃」などには、絶対他力の信仰を〈海〉の比喩で表現したものが多い。海を知らないで育った親鸞は、海岸近くの越後の地に罪人としての生活をしながら、底知れない日本海の怒濤を見て、内面の思索を深めたことであろう。

特に、親鸞にとって、冬の荒々しい海は、「生死《しょうじ》の苦海」であり、「煩悩の海」であり、「五濁《ごじょく》の群生海《ぐんじょうかい》」であり、「愛欲の広海」とも感じられたであろう。それは、底知れない闇を流転している人間の罪業の海であり、煩悩に群がり生きている凡夫の海であり、罪悪の荒れ狂う迷いの海であり、苦悩に埋没する悲しみの海であった。

しかし、親鸞にとって、春から夏にかけての穏やかな海は、「大悲の願海」であり、「弘誓《ぐぜい》の智海」であり、「功徳の大宝海」でもあっただろう。親鸞にとっての海は、すべてを摂め取る広大な「仏の願海」であり、仏が一切衆生を救おうとする慈悲の海であり、造罪の多少を問わず隔てなく救い取られる「大信海」であった。

親鸞にとって、海は、すべての煩悩が流れ着く汚辱の海であった。と同時に、それが仏の本願の働きによって摂め取られ、凡人も聖者も、五逆罪の悪人も正法《しょうぼう》の誹謗者も、同じ味の海水に浄化される海であった。「正信念仏偈」でも、次のように言われている。

凡聖《ぼんじょう》逆謗《ぎゃくほう》ひとしく廻入《えにゅう》すれば
衆水、海に入りて一味なるがごとし

親鸞は、広大無辺な仏の本願の働きを、果てしない海の働きに譬えたのである。これは、北越の海に生きる人々と接して得た実感だったのであろう。煩悩の渦巻く世界にこそ、救いの手は差し伸べられる。煩悩に迷うからこそ、本願の光明はなければならない。業の海に沈没した無力な人間こそ救われねばならない。生死の苦海こそ弥陀の願海であるというのが、親鸞の確信であった。われわれは宇宙の根源的な力に生かされている。この根源的な力を、広く大きな海のような仏の本願力と理解したのが、親鸞であった。

いかなる罪業も、ことごとく仏の大慈大悲の中に摂取される。ここでは、信じることができない嘆きも、救いの喜びも一つになっている。宇宙の真生命、本願力は、煩悩の渦巻くこの世界にこそ働き出ている。『高僧和讃』でも、

煩悩にまなこさへられて
摂取の光明みざれども
大悲ものうきことなくて
つねにわが身をてらすなり

と言われている。ここにも、罪業への深い自覚と本願の救いとが逆接的に接触している宗教的真実が語られている。

われわれは、この本願力に生かされている。そして、広大な仏への絶対信頼のもと、その本願の力に一切を任せるときにのみ救われるというのが、絶対他力の信である。しかも、その信仰そ

のものが仏からの回向であり、本願力によって与えられたものだというのが、親鸞の信仰であった。煩悩具足の身のままで宇宙の真生命に支えられているという信念、ここでも、煩悩生死の世界と救いの世界が矛盾しながら接している。

本願を信じるなら、煩悩は煩悩のままにして救いの世界に入ることができる。煩悩に迷う凡夫が信心を定めるとき、煩悩の海は大悲の海に転じ、生死は即涅槃《ねはん》であり、煩悩は即菩提《ぼだい》となる。それどころか、この煩悩具足の穢身《えしん》そのものが如来の本願力から与えられたものであり、煩悩それ自身が宇宙の真生命の表現であり、願海から発するものだと考えねばならない。

越後での流謫の生活を通して厳しい自然を体験し、その自然の中で田や畑、山や海に働く人々の喜びと悲しみを身をもって知ることによって、親鸞の思想はより深まったのである。

道元の世界

越前の吉田郡永平寺町吉峰《よしみね》に、曹洞宗の禅寺、吉峰寺《きっぽうじ》がある。日本曹洞宗開山・道元が永平寺に移るまで修行し、弟子の指導に努めたところである。典座《てんぞ》（台所係）として道元に仕えた徹通《てっつう》義介《ぎかい》が、水を汲んだり食糧を運んだりしたといわれる険しい山道を登りきると、聳え立つ老杉の巨木を縫ってひっそりと佇む吉峰寺の法堂《はっとう》が現われる。あたりは厳かな空気が漂っている。

鎌倉時代の寛元元年（一二四三年）七月、宇治の興聖寺《こうしょうじ》を弟子に任せ、越前へ移った道元は、まず、庇護者、波多野義重の領地、志比《しひ》の荘にあった古寺、吉峰寺に落ち着く。時に、道元、四十四歳のことであった。道元についてきた弟子は、わずか十数名だっただろうといわれる。「都の喧騒を離れ、深山幽谷でひたすら修行せよ」という大宋国の先師・天童如浄《にょじょう》の教えに従い、正しい仏法を実践するための入山であった。道元は、この吸い込まれるような静けさに満ちた吉峰寺でただひたすら座禅に打ち込み、弟子を育てるとともに、新しい本格的な道場（後の永平寺）の建立に手を尽くしていた。

この約一年間滞在した吉峰寺での修行生活は充実したものであった。この間、道元は、『正法《しょうぼう》眼蔵《げんぞう》』九十五巻中の約三分の一を撰述している。とはいえ、越前の地は雪も深く、寒さも厳しく、修行生活は予想以上に厳しいものであった。実際、その年、旧暦十一月六日（今の十二月下旬）大雪が降った。『正法眼蔵』（梅華）は、この時書かれ、衆に示されたものである。ここでは、まず、先師如浄の天童山景徳寺での垂示を取りあげ、それを、心を込めて解説している。

老いた梅の木がたちまち花を開く時、それは、花開いて世界が起こるということである。花開いて世界が起こる時節は、とりもなおさず春の到来である。春が到来して花が開くのではなく、花が開いて春が到来する。梅は早春を開く。雪の中に咲く梅の花こそ、仏の眼《まなこ》である。梅の花の開く時、諸仏は出現する。雪の中に一枝の梅華が香る時、そのとき大地が生じ、世界が起きる。一花が万花を開き、春は梅花に宿る。梅の花の中に百億の国土があり、その国土に開いた花が、すべてこの梅の花の徳分を分かつ。

ということが、『正法眼蔵』（梅華）で語られていることである。無数の花が一輪の花から生まれてくるように、花が開いて春が来る。むしろ、花の中に春が咲く。春は花に宿り、人、春に会う。春、ものみな新しくなるように、一輪の梅花という小宇宙の中に、大宇宙は開かれてくるというのが、道元の言うところである。

しかも、雪の中に一心に咲く梅の花のように、一僧がひたすら座禅している姿、それがそのまま悟りの姿であるというのが、道元の語り尽くしてきたことであった。だから、悟りの世界を別のところに求めてはならない。悟りを得るために修行するのではなく、修行することがすでに悟りの中にある。修行と悟りは一つである。坐《すわ》っている姿がすでに悟りの世界の中にあるというのが、道元の語ってやまなかったことであった。目前に働き出ているものは、すべて深い仏の命の働きであり、われわれの一挙手一投足こそ、宇宙の命の表現なのである。

『正法眼蔵』（梅華）の巻の奥書には、「この時、日本国は、仁治四年十一月六日、越州吉嶺寺《よしみねでら》に在り。深雪三尺、大地漫々たり」とある。この大地を覆う真っ白な雪原も、道元にとっては、悟りの世界そのものだったのであろう。仁治四年は、実際には改元されていたから寛元元年のことである。事実、より古い写本では寛元元年とあるから、道元も、おそらくそのように記していたのであろう。

道元は、寛元二年、吉峰近くの山麓の深山幽谷の地に、出家参禅の根本道場として大仏寺を建立し、のちこれを永平寺と改称した。日本曹洞宗大本山・永平寺である。以来、今日に至るまで、道元が宋から伝えた曹洞禅は絶えることなく守り伝えられている。

越前国志比《しひ》の荘に、大宋国の天童山・景徳寺に模して開かれたこの道場は、今もなお数百人にのぼる役寮や雲水が座禅に明け暮れる霊域である。樹齢七百年にも及ぶ杉の老木に囲まれた参道を通り抜けると、山門に至る。この山門から山の方を眺めると、七十余りの諸堂が林立するこの寺は、山の斜面に建てられていることが分かる。だから、各伽藍は、かなりの勾配をもった階段で結ばれ、そこをよく若い雲水たちが休む間もなく掃除している姿に出会う。これもまた修行である。

特に冬は、禅の道場としての永平寺を引き立たせる。山門から眺めた冬景色も、凛として壮大である。夜ともなれば、積雪の上に雲間からのぞく月光が反射して、雪明りの中に、大杉の陰をくっきりと映しだす。そして、雪の中に埋まった僧堂の中には、一心に座禅に勤しむ雲水の姿が見える。すべてが静寂である。ただ、音を立てて流れていく永平寺川の渓流だけが、唯一、この静寂を破る。雪、月、杉、水、山門、僧堂、みな、ここでは、すでに悟りの世界の中にあるようである。

道元は、『正法眼蔵』（山水経）のなかで、いまここにある山水は、昔から伝えられている仏法の現われだと言っている。一滴の水の中にも無限に広い仏国土があり、一滴の草の露にも月は映り、一塵の中にも全世界は宿っている。雲の中にも、風の中にも世界があり、火の中にも、地の中にも世界がある。一茎の草の中にも、一振りの杖の中にも世界がある、そして、世界のあるところには、必ず悟りの世界があると、道元は言う。

しかも、世界は、そこに住むものの種類によって様々に映っている。人間が水と見ているものでも、龍魚は宮殿と見、楼台と見、流れ行くものとは見ない。鬼は、水を、猛火となし、血膿と見る。水を瓔珞《ようらく》と見るものもあり、妙なる花と見るものもある。仏法を学ぶ者は、水を考えるにも、人間の立場に固執してはならない。山水を見るのに、人間の見方にだけとどまることなく、広大無辺の立場に立たねばならないと、道元は言う。

『正法眼蔵』(山水経)で語られていることは、山川草木が、そのままの姿で法を説いている経だということである。山河大地、日月星辰、草木虫魚、みな、仏法を説く経巻である。松を吹く風の音も、渓谷を流れる水の音も、みな諸仏の説法である。山水をお経として学ばねばならないというのである。

道元が『正法眼蔵』で繰り返し語ろうとしていたことは、一点の中に全世界が包摂されるという大乗仏教の世界観であった。この世界のどんなにささやかなものの中にも全世界が宿っている、そして、ここでは、万物が互いに映し合い、つながり、連関している、そういう悟りの世界を描こうとしていたのである。

われわれは、昔から、野に咲く小さな花にも大自然の大きな命を直感してきた。春、花が咲き、夏、不如帰《ほととぎす》が啼き、秋、木の葉が散り、冬、雪が降る。この大自然の営みすべてが仏法の現われであるというのが、道元の語ってきたことなのである。

山も川も大地も、自然はみな仏性《ぶっしょう》の現われであり、仏性の海に建立されたきらびやかな館である。山が山であり、川が川であり、大地が大地であるのは、仏性が仏性として働き出ていることである。山や川を見ることは、そのまま仏性を見ることであり、そのなかで、人もまた自らの仏性に目覚める。

この道元の考えは、生きとし生けるものにはみな仏性が宿っているという大乗仏教の伝統的考えを引き継ぐものであった。しかも、この伝統的考えは、その後の室町時代に花開いた茶道や華道、江戸時代の俳諧にまで、延々と引き継がれてきたものであった。それは、自然のあらゆるものに生命力を認める日本人の自然観に源泉をもっているのであろう。

10　生と死

人生と偶然

二十世紀、感染症の治療法を大きく変え、世界の人々の命を救うことになった抗生物質、ペニシリンはまったく偶然に発見された。一九二八年九月のある朝、夏の休暇からロンドンのセント・メアリー病院の実験室に戻ってきたアレクサンダー・フレミングは、休暇中洗わずに放置しておいたシャーレの山を選り分けていた。すると、シャーレの一つにカビが発生していることを発見、しかも、そのカビはまわりの黄色ブドウ球菌を溶かしていた。階下にあった菌類学の研究室から菌類の胞子が漂って、階段を登り、フレミングの培養皿にタイミングよく付着、周辺の細菌を殺していたようである。しばらく続いたロンドンの夏の涼しさの中でカビが先に生え、ぶり返した暑さによって細菌が遅れて育ったために、この現象は起きえたのであろうといわれる。この科学の発見史上屈指の事件は、ほとんどありそうもないような偶然が重なった幸運によるものである。この幸運によって、一九四五年、フレミングは、後の開発者とともに、人類を救った抗生物質の発見者としてノーベル医学生理学賞を授与された。

人は、生きていく中で多くの偶然に出会う。そして、偶然は人生を大きく変える。才能と努力なしに成功するのは難しいが、才能があり努力さえすれば成功するとは限らない。才能があり、努力しても、運がなければ成功することはない。物事がうまくいく場合には、多くの幸運が手助けしている場合が多い。もちろん、フレミングのように、そのチャンスを見逃さない察知力は必要である。好機の瞬間に備える用意のある者に、幸運の女神は微笑む。

もっとも、偶然には、フレミングのような幸運ばかりでなく、痛ましいアクシデントのような不運もある。例えば、典型的なアクシデントである自動車事故のような場合、一方の運転者がほんの一秒でも速く通り過ぎて行ってくれれば、その事故は起きなかったかもしれない。その他無数の理由のどれか一つがなかったなら、事故は避けられたかもしれない。しかし、それでも、多くの要素の偶然の一致により事故が起きてしまう。そのため大怪我をしたり死亡したりすれば、その人の人生にとっても、家族の人生にとっても、大きな不幸がもたらされ、皆の人生が大きく狂ってしまう。人生には、往々にしてこのような不運が伴う。このような予測不可能な現象は、不運としか言えない。事故が発生するまでの両方の過程や原因については後からいくらでも分析することはできるが、両者がその時その場で結び付けられねばならない理由は見出せない。どうしてそのような事故が起きなければならなかったのか、説明ができない。

偶然は理不尽で、不条理を含む。強い者や正しい者がいつも勝つとは限らない。有能でも、誰もが大きな成果を収められるわけではない。大きな成果を得るには、時代や場所、人を得る必要がある。そして、そこには多分に偶然が含まれる。ものが成就するには時を得なければならないが、しかし、その時を人は知らない。

しかも、偶然は不平等である。偶然は、宝くじのように、特定なところに偏って配分される。幸運にも大発見をした科学者はノーベル賞をもらえることもあるが、そのような幸運に出会わなかった科学者は、一生ただの研究者で終わってしまうことにもなる。才能にそれほどの差はないのに、一方は成功者となり、他方は平凡な人生を送っているようなことは大いにある。それは、自分の力ではどうにもならない。成功・不成功は、その時々の運・不運によって決まる。人は幸運に助けられ、不運に禍《わざわい》される。

人生は偶然に満ちている。長い生涯をふと振り返ってみると、われわれの人生には、あの時別の選択をしていれば、自分の一生はもっと違っていたであろうと思うことがある。人生の結果は、若いときに選んだ道に強く依存していることが多いが、その選んだ道も、ちょっとした人との出会いとか、ちょっとした情報への対応に過ぎなかったというようなことがある。偶然、一枚の募集広告を見たためとか、偶然、連絡が来るのが少し遅れたために別の選択をしてしまったとか、最初の選択には必ずしも必然性がない。人生は、些細《ささい》な選択が大きな成功をもたらしたり、一度の躓きがとんでもない不幸をもたらしたりする。最初の選択の影響が増幅して、勝者と敗者の差を著しく拡大していくのである。小悪魔のような偶然の悪戯《いたずら》で、すべてがまったく別のものになっていく。

ルーレットでも、最初の一突きの力や方向がわずかに違っただけで、その結果は大きく変わる。

人生もルーレットに似ている。最初のわずかな選択の違いで、その後の人生は一変する。そして、その最初の一突きは偶然に左右されていることが多い。偶然の巡り合わせ、偶然の再会、偶然の発見、偶然の思いつき、偶然の事故など、様々な偶発事から人生も社会も変わる。偶然は大きな差異をもたらす。しかも、そういう偶然の連続で人生が成り立っているとすれば、人生を決めているのはほとんどが偶然なのかもしれない。

われわれの人生には節目節目のところに多くの分岐点があり、どちらの方向へ転ぶかで、人生は異なったものになる。その時偶然が働く。その分岐点で何か一つが現実に起こったのとは異なった動きを少しでもしていたなら、まったく異なった展開がなされる。分岐点での偶然の微小なゆらぎが、次々と拡大して似ても似つかない結果がもたらされるのである。人生には多くの岐路があり、その岐路ごとに、歴史同様、クレオパトラの鼻のような問題は潜んでいるのである。

人生は分岐点の連続である。それぞれの分岐点には多くの可能性があるが、選ばれるのは一つの可能性でしかない。その選ばれた可能性がその後の人生の方向を決定していく。われわれは、人生の様々な場面で限りない選択をしている。どのような道が選択されるかは前々から確定されているわけではない。どちらか一方を選択したことによって一つの方向は展開されていくが、それはまた、他の方向が展開されずに終わったことでもある。別様でもありえたことこそ偶然といわれるものだからである。人生は一種の賭けである。その賭けが何を生むかは誰にも分からない。

人生は、その出発点においても、その途上においても、その結末においても、大きく偶然に左右されている。これを結果から振り返れば、為されてしまったことは、取り返しも、やり直しも、後戻りもできないことなのだから、それは運命として受け取られる。受け取らざるを得ない。偶然は、最終的には運命として受け取らねばならない。

しかし、人はまた運命に抗して生きてもいくのであり、そこに自由がある。賭けのように、偶然と運命の間には、自由の間隙がある。

偶然とは、それが起きるのに十分な理由がなく、他のものでもありえたのだが、たまたまそうなったことをいう。原因結果の関係でいえば、ある原因が当然引き起こすべき結果とは異なる結果が出た場合、それは偶然によって起こったという。また、目的手段の関係でいえば、一定の手段によってある目的を達成しようとしていたのに、その目的とは異なった意図しない結果が生じた場合、これも偶然という。われわれの人生では、予測できないことや理解できないことにしばしば出会う。幸運な発見も、不慮の事故も、どれも、このような因果外偶然や目的外偶然によって起きている。

人生は、前もって定められた法則に従って動いていくようなものではない。もしも、競馬の順位が発馬線で最初から決まっているのなら、競馬もまったく面白くないし、賭ける値打ちもないであろう。われわれは、その都度その都度どうなるか分からないことに賭け、意図しなかったことに巡り合う度に決断しているのであって、そこには、ある意味で自由がある。その自由や自発性を決定論は否定してしまう。人生は決定論ではとらえられない。それは前世からの約束だったのだとか、宿命だったのだとかいうのも、物事が起こり、その結果が現実のものになってから出てくる後知恵であろう。

偶然は出会いである。九鬼周造は、『偶然性の問題』の中で、偶然を定義して、今ここでの独立した二元の邂逅だと言った。二つ以上の因果系列が因果性という必然的な関係なしに出会うことを偶然という。人生は不思議な出来事によって変動していくが、科学上の大発見や自動車事故のように、それらは、いくつかの因果の系列がある一点において落ち合うことによって生じる。二つ以上の因果系列がいつどこでぶつかるかは、どの系列からも予測できない。人生や歴史は、多くの場合、このような因果系列相互の偶然の交差から変化していく。その交差からどのような新しい出来事が生じるかは、誰にも予測できない。

一人の男と一人の女の思いもかけなかった巡り合いとか、予想もしなかった大災害との遭遇とか、出会いは創造的でもあり破壊的でもある。人生は出会いによってどのような方向にでも進んでいく。その意味では、偶然の出来事は外から降って沸いてくるようなものであり、その根拠を自己自身の内ではなく他のものにもっている。自己が他者と奇しくも会うことによって、物事は新しく展開していく。無数の因果系列が、ある瞬間交わる。その時、新しい出来事が創発してくる。われわれの社会も無数の人々の出会いによって変動していくのだとすれば、社会はほとんど偶然によって動いていると言わねばならない。その意味では、人生や社会は偶然ばかりである。

偶然の出会いは、縁によって起きる。別々の因果系列がある瞬間出会うことには必然性がない。

この偶然性が縁である。奇しき縁といわれるように、人生は縁によって起きるものであり、出会いによって生起するものである。縁起は偶然性を含む。他によって起きるものである。偶然は、錯綜した関係の網の目から、縁によって、今ここに出来事として出現してくる。それは、一回限りの出来事であり、同じことを繰り返すことはできない。人生に前もってのシナリオがあるわけではない。生まれた時代、生まれた所、性別、家柄、才能、性格、それぞれ違ったものをもった者が出会い、交錯することから新しい運命が紡ぎ出されていく。人生は、その時その場の出会いによってつくられていく即興劇なのである。

偶然は崩壊や転落も生み出すが、新しい創造も生み出す。現在の瞬間瞬間における偶然の出会いから、新しいものが生まれてくる。偶然の発明や発見が社会を一変させることがあるように、偶然は創造性の触媒である。しかも、創造性は予知することができない。人は、新しいものが創発してくることを予知できない。偶然から何が生まれてくるかは分からない。

もともと、人類がこの地上で誕生したこと、そのことが偶然であった。類人猿の一種がたまたま森の中から草原に出てきて、猛獣から襲われるのを防ぐために石器を作り、道具を使用し、直立二足歩行を始めたことから、人類は誕生した。

それどころか、この地球上に生命が誕生したことから偶然であった。原始の海でたまたま核酸が重合して自己増殖するＲＮＡを生み出したことから、生命は誕生した。

さらに、宇宙の誕生そのものも偶然であった。宇宙誕生時に反物質よりも物質の方がほんの少しだけ残ったために、対称性が破れ、物質のみのこの宇宙ができた。この原始偶然ともいうべき宇宙の始まりは、宇宙そのものが無ではなく有の方へ傾いたということであり、いわば原始偶然における賽の一振りだったということになる。神様は一回きりの賭けに出たのであり、サイコロ遊びをしていたことになる。だから、宇宙には、傾き・偏りがある。

偶然とは、ないことも可能なことであるから、この宇宙も存在しないことも可能だったのである。だからなおのこと、人類も、私も、存在しないことも可能だった。とすれば、存在すること、そのことが偶然なのである。人の一生にも、思わぬ偶然によって思わぬ一生を歩んでしまっていることがある。そこにも人生の偶然があるが、人生の偶然は宇宙の偶然と響き合っている。

哲学は驚きから始まると言われてきたが、そこには、宇宙から人間存在に至るまでの偶然性への驚きが含まれていたと言わねばならない。

後期ストアに学ぶ

イタリアのローマに今も遺るコロシアムや大浴場、大劇場や凱旋門、水道橋やパンテオンなど、巨大な石造りの建造物は、なぜ必要だったのだろうか。

紀元一、二世紀、広大な版図を一つに統合した帝政ローマは、古代地中海世界にパクス・ロマーナ（ローマによる平和）をもたらした。首都ローマには、地中海世界各地から豊かさを求めて人々が流入し、この故郷喪失者たちが一種の大衆社会を形成して、ローマという巨大都市を舞台に享楽的生活に明け暮れた。ローマ市民は、全世界から集めた巨万の富を、底なしの奢侈と贅沢に浪費していたのである。そのためにローマに造られたのが、公共浴場や劇場、競技場など娯楽施設だった。そこでは、剣闘競技やスポーツ競技、模擬海戦や見世物などが盛んに催されていた。

貴族や権力者、大富豪たちも、連日豪華な饗宴を催し、気の遠くなるような豪奢な生活を送っていた。奴隷たちはそれに奉仕し、小金を貯め、やがて解放されて、ローマ市民になっていった。ローマ市民は過剰なほどの物に囲まれ、刹那的な快楽と歓楽に酔いしれ、甘美な生活に埋没していたのである。繁栄は放縦と堕落をもたらす。

権力中枢の宮廷でも、暗殺、毒殺、陰謀、クーデターなどが絶えることなく、権力者に雇われた密告屋に提訴された有力者は、自殺に追い込まれたり、刑死したり、流刑に処せられた。帝国の成立によってもたらされた繁栄が、あらゆる悪徳と淫乱、退廃を招いたのである。なるほど、共和政時代以来の質実な美徳の必要は説かれてはいた。しかし、それはすでに、上も下も、そのような美徳を失ってしまっていたことの証《あかし》であった。

一世紀前半のことである。愚帝クラウディウスは、情欲の塊のような妃メッサリーナを死刑に処した後、悪女アグリッピナと結婚する。アグリッピナは、連れ子のネロを皇帝にするために画策、ストア哲学者セネカをネロの教育係に抜擢した。これを機に栄達を手にしたセネカは、皇帝ネロにつぐ財産や領地を獲得するとともに、宮廷内での最重要な地位に上り詰めた。しかし、これは、セネカの幸運でもあり、不運でもあった。セネカは、宮廷で、その堕落と悪徳をつぶさに見るとともに、暗殺や陰謀、刑死や処刑などが渦巻く周囲にあって、死を常に目撃しないわけにはいかなかった。

現に、セネカにとって、死は最も大切な問題であった。

「生きることは生涯をかけて学ぶべきことである。そして、おそらくそれ以上に……生涯をかけて学ぶべきことは死ぬことである」

とセネカは言う。快楽に己自身を売り渡してそれに埋没することは、人生の浪費である。自分の命の脆《もろ》さに思いを致さねばならない。人生は、余計なことをしている間に手からこぼれ落ちてしまう。人生は短く、急速に走り去る。生き物はすべて死すべき運命にある。死の運命からは誰も除外されはしない。しかも、死はいつ来るかしれない。むしろ、生まれたときから死にさらされているのが人間の定めである。われわれは、日々死につつある。そして、その人生は苦難に満ちている。とすれば、死はあらゆる苦難からの解放だと言わねばならない。セネカは言う。

「老年になったいま、よく死ぬことを心がけている。しかるに、よく死ぬこととは、進んで死ぬことだ」と。

生に対してよりも、死に対して、われわれは心の準備をしなければならない。大抵の人は、死の恐怖と生の苦しみの間で、あわれにも右往左往して、生きるでもなく、死ぬでもなく、よろめいている有様だ。しかし、一日一日が全人生であるかのように、それが自分にとって最後の日であるかもしれないと見なしながら生きなければならない。退廃した時代に、どのように生き死すべきかを考察した人生哲学、それがセネカの哲学であった。

セネカは、貴族出身でもなくそれほどの名家の出でもなかったが、ネロの母に引き立てられ、宮廷でも政界でも大きな権力と富を得た。しかし、それだけにまた中傷と非難も受け、最後はネロから自殺を命じられた。セネカは、その前に強引に引退を申し出て隠棲し、静かな生活に入ったが、許されず、ネロ暗殺の陰謀に加担したという冤罪に問われたのである。セネカは権力と富とを得たために、望んでいた時間と自由を失い、最後に自ら死なねばならなかった。毒人参を飲み血管を開き、ストア哲学者らしい従容とした死であったという。紀元六五年のことであった。セネカの人生と哲学は、その死そのものによって完結したと言えるであろう。

他方、暴政を極めた皇帝ネロは、セネカの死後三年後に、属州総督ガルバによって追放され、エジプトあたりにまで逃げようとさえした。しかし、ネロは、進言に従って自殺するにも勇気がなく、喉を切っても死にきれず、護衛兵の一人であった解放奴隷のエパプロディートスの幇助でようやく死んだ。

奴隷出身のストア哲学者エピクテートスは、このネロの自殺幇助をしたエパプロディートスの奴隷であった。エピクテートスの生きた時代も、宮廷では血腥い事件が続き、ユダヤやダキアあたりの反乱もあり、安らかな時代ではなかった。この時代も、残忍な処刑や追放、騒乱、喧噪など、繁栄の背後になんとはなしの不安を抱えた時代であった。しかも、そのような時代と社会は、誰にとってもどうすることもできない運命に近いものであった。

エピクテートスは、生来足が不自由であった。おそらくそのために、奴隷としては、肉体労働だけでなく知的労働にも携わったのであろう。エピクテートスが、奴隷の身分でありながら哲学者ルフスの講義を聴くことができたのは、主人がそれなりに教育を受けさせたからであろう。主人自身解放奴隷であったが、エピクテートスも、二十歳前半には奴隷から解放されたようである。だが、その間、ローマという大都会で、人生のほとんどのことを見聞したと思われる。後、追放に遭い、ギリシアのニコポリスに移住、そこに学校を作り、多くの弟子を育てた。

エピクテートスは、何より、自己の権限内にあるものと権限内にないものとの区別をしなければならないと言う。そして、権限内にないものは左右できないが、権限内にあるものだけは、妨げられたり強制されたりすることはない。そこにだけ自由があると言う。足が不自由なのは、歩行の妨げとはなっても、意志の妨げとはならない。死は、誰も避けることはできないが、嘆きながら死ぬか喜んで死ぬかはわれわれの権限内である。エピクテートスは言う。

「もろもろの存在のうち、あるものは私たちの権内にあるけれども、あるものは私たちの権内にはない。意見や意欲や欲求や忌避、一言で言って、およそ私たちの活動であるものは、私たちの権内にあるけれども、肉体や財産や評判や公職、一言で言って、およそ私たちの活動でないものは、私たちの権内にはない。そして、私たちの権内にあるものは、本性上自由であり、妨げられず、じゃまされないものであるが、私たちの権内にないものは、もろい、隷属的な、妨げられる、他に属するものだ。」

だから、権限外のことに度を越えて欲張ってはならない。自分のものでないものを何一つ求めてはならない。人生において苦しまないようにするためには、自分の支配の外にあるものに期待するな。地位とか富とか、権限外のものを自分の自由にしようとするから、羨望や嫉妬が生まれるのであって、権限内にあるもの、つまり魂の自由内に留まるなら、羨望も嫉妬も生まれない。美貌や健康が失われると悲しまねばならないが、しかし、そうしたものは本来自分の所有ではないことに気づけば、悲しむこともない。不安、悲哀、悲嘆、嫉妬などは、権限外のことを望んだり忌避したりするために起きる情念である。そのような情念に惑わされず、心の平静を得るには、権限内にあるもの、本来自由であるものだけで満足していなければならない。権限外のものを得ようとすれば、その奴隷となってしまう。

何が私のものであり、何が私のものでないか、私には何が与えられているか、神は今、私が何をすることを欲し、何を欲しないかということを思い出すといい。われわれが受けたこの世の生は、神の一片を授かったものである。だから、神の定めた運命には、たとえ奴隷の身分であっても、反抗せず従わねばならない。心の自由さえ得ていれば、身分は奴隷でも自由人であり、たとえ牢獄にあっても、魂は自由である。告発者たちは、ソクラテスを死刑に処すことはできたが、ソクラテスの魂を損なうことはできなかった。

人は死を恐れるが、死も恐れるべきものではない。死は単なる変化に過ぎない。単なる変化に過ぎないものに、余計な考えを付加するから、恐れたり怖がったりするのだ。死の時が訪れれば、去ればよい。戸はいつも開いている。この世が住みにくければ、子供たちがもう遊ばないと言って遊びをやめるように、この世から去ればよい。神が合図をして、この奉仕から解いてくれるとき、そのときこそ、神のところへ立ち去ればよい。死は故郷に帰ることで、懐かしいところへ行くことなのだ。死は避難所であり、あらゆるものから逃れる港なのである。神の意志するところを意志して運命に任せるなら、心の平和は得られる。

エピクテートスは、二世紀前半、八十歳余りで死んだ。エピクテートスの思想は、虐待や迫害や追放の生活の中で身をもって獲得した人生の知恵であった。だが、それは、この哲学者にとって、その時代が必ずしも生きやすい時代ではなかったことを反映している。エピクテートスには、弟子のアッリアノスが編集した『語録』と『要録』が残っている。

皇帝哲学者、マルクス・アウレリウスは、十代のころ、このエピクテートスの『語録』や『要録』から、ストア哲学を学んだ。五賢帝最後のこの皇帝が生きた時代は、ローマ帝国の栄光に翳りが見えてきた時代であった。帝国の北方にはゲルマン諸族がしばしば南下し、侵入してきていた。そのため、皇帝は絶えず現地に赴いて異民族の反乱を鎮め、国境を守らねばならなかった。そのような転戦に次ぐ転戦の日々、夜のテントの中で静かに瞑想しながら書かれた断片集が、よく知られた『自省録』である。それは、ひたすら自分の内面に向けて語りかけた言葉で綴られている。

ただ、マルクス・アウレリウスの中では、自分が治める国家と哲学者として生きる内面とが乖離《かいり》していた。外見では、精一杯皇帝として政治や戦争の指導にかかわりながら、心の内面では、常にストアの賢人たちの静かで不動な生き方を希求していた。全篇に漂う憂愁の気分の中、自分の内面の心の中への沈潜、滅びゆく人生への思い、同時代の人々の振る舞いに対する絶望感などが『自省録』の中に語られているのは、そのためである。

人生は短い。肉体は衰えやすい。すべては速やかに色あせていく。運命ははかり難い。急がなくてはならない。人間は異国の地に放り出された旅人であり、名声の行く末は忘却に過ぎず、永久に記憶されることはないと、アウレリウスは言う。

すべては流れて止まない川のように変化するのだから、どうして解体を恐れる必要があろうか。喪失は変化にほかならない。人生の塵のような些末《さまつ》なことなど、次々と変わり続ける移ろいの中に流してしまわねばならない。すべては自然から出て自然に帰る。変化を恐れてはならない。変化がなければ何事も生まれない。

死もまた自然の業である。死を自然の働きの一つとして待たねばならない。死は、誕生のようなもので、自然の神秘である。生も死も、宇宙の変化の姿である。アウレリウスは言う。

「死んだものは宇宙の外へ落ちたりはしない。ここに留まるとすれば、更にここで変化し、分解してその固有の元素に還る。それは宇宙の元素であり、また君の元素でもある。」

だから、死を、自分自身が来たのと同じところから来たものとして、喜んで受け入れよう。あたかもよく熟《う》れたオリーブの実が、自分を生んだ大地を褒め讃え、自分を実らせた樹に感謝しながら落ちるように、安らかに人生を終えるのがよい。死は休息なのだから。

自ら知っていた人が次々と死んで行ったのを思い起こせ。われわれは、宇宙から生まれ宇宙の内に消える。われわれは宇宙の一部分であり、宇宙の一滴として存在している。この宇宙の中で星とともに走っている者として、星の運行を眺め、宇宙の一部としての自己自身に思いを致さねばならない。宇宙の中の自己を知らない人間は、宇宙の中の異邦人である。

宇宙は、一つの実体と一つの魂をもつ生き物である。宇宙を支配している自然は、すべてを一瞬のうちに変化させる。そして、その物質から他のものを創造していく。そうすることで常に世界は新たになる。心の中の隠れ家へ入り込めば、宇宙的な秩序につながっていく。宇宙の中のすべてのものはつながっている。

われわれには運命のほんの一部しか割り当てられていない。だから、神の定めた運命に逆らうことなく受け入れ、神々とともに生きよと、アウレリウスは言う。

マルクス・アウレリウスは、紀元一八〇年、五八歳で、ゲルマン諸族との戦いの最中、ドナウ河畔の最前線の陣中で病死した。死を予感した皇帝は、最後は、自ら食事も薬も水さえも断って、静かに死を受け入れていったという。この皇帝は、自己の内面と広大な宇宙に思いを馳せ、数多くの珠玉の言葉を残した。しかし、そのころは、すでに古代ローマの良心の灯は消えつつあった。

帝政ローマの一、二世紀は、物質的繁栄の中、貪欲と悪徳、退廃と倦怠の交錯する不安な時代であった。後期ストアの哲学者たちは、この時代の不安を予感し、憂慮しながら、自己の魂の中にだけ自由を求め、神的な宇宙へと帰還しようとした。それは、美徳が失われ、精神が散乱した時代に、わずかに輝く高貴な知恵の瞬きであった。

メメント・モリ

十八世紀末のパリの墓地整理のため姿を消したサン・イノサン墓地は、教会広場と納骨堂からなる墓地で、パリの住人たちが幾世紀にもわたって埋葬された聖地であった。誰もがここで永遠の眠りに就きたいと願っていたから、遺体を新しく埋葬する空間を作るために、以前に埋葬した死者の骨を地中から取り出して、それを回廊のアーチの上に積み重ねた。その納骨棚の下には、骸骨が踊りながら皆を引き立てていく有名な「死の舞踏」の絵が描かれていた。「死の舞踏」の絵は、このサン・イノサン墓地が発祥の地になって、十四世紀末から十五世紀、ヨーロッパ中に広がった。そこには、教皇、司教、皇帝、貴族、騎士、代官、修道士、教師、商人、農夫、医者など、あらゆる身分の人々を、若者、乙女、老人、子供も含めて、その分身である骸骨が踊りながら死の世界に誘っていく様子が描かれている。身分の高い者も低い者も、貧者も富者も、男も女も、善人も悪人も、誰もが死を免れず、平等に死地に赴く運命にあることが、身の毛もよだつような図で表現されている。

十四世紀半ば以降のヨーロッパでは、恐ろしい感染症、ペストが何度も流行し、何百万もの人

ギョイヨ・マルシャンの「死の舞踏」図（15世紀）

の命を奪い去っていった。その他、飢饉や戦さ、天災などによって、次々と人々が死んでいった時代、それが中世末期という時代であった。それは、生の儚《はかな》さ、明日の不確かさ、この世の富や地位や美の空しさを告げて余りあった。死はいつ襲いかかるか分からない。「メメント・モリ」（死を想え）という警鐘が響き渡っていた時代だったのである。「己《おのれ》の日を数えよ」「若き時より汝の墓を想え」というような教えが盛んに説かれていたのは、そのためである。死への思いが人々の心に重くのしかかっていた。実際、人々は死と隣り合わせで生きており、子供でさえ身近に人間の死を見ていた。人々は常に死を見つめ、むしろ死に親しかった。中世という時代は、東西を問わず、そのような時代であった。

なるほど、現代も、必ずしも死を忘れたわけではない。現代人も、相次ぐ戦争や災害や事故、病気や感染症などで、死に触れる機会がないわけではないし、死は結構日常の話題になってもいる。

特に、人工生命維持装置の発達に伴って、病院で極限まで延命治療を受けながら孤独な死を迎えることが増えたために、そのような単なる生命を限りなく延ばすことに価値があるのかが問われてきている。そのため、逆に、死の意味を考えねばならないことに、現代人は直面した。これは、現代特有の問題であろう。病室で、家族から遠ざけられて、人工呼吸器やいろいろなチューブをつけられ、無理に生き長らえさせられている状態に、果たして人間としての尊厳があるのかどうか。死の意味が問われている。それは、延命という名の苦痛の引き延ばしではないか。

あまりにも延命技術が発達しすぎたために、われわれは、死の恐怖よりも、医療技術によって生かされてしまう恐怖を感じているともいえる。不老不死を求めた昔の仙人道にも似て、生命をできるだけ延ばすことに価値を見出している現代医療のもと、われわれは死ねない苦しみを味わいながら生きねばならない。しかも、人間の生死が、その装置を止めるか止めないかによって決められることになってしまった。死は、自然に迎えられるものではなく、すでに医療機器の管理下に置かれているのである。まるで工場の中で生かされ死んでいくようなレディ・メイドな死に意味があるのか。死との戦いだけが医療の至上の使命なのか。もしもそうだとすれば、なお、現代は、〈単に生きる〉ことを崇拝し、死を直視することから目を逸らそうとしていると言わねばならない。

死は経験できない。特に自己自身の死は経験することができない。自己の死は、人生で一回きりだからである。しかし、死を、考えることはできる。病や老いから、死を想像することはできる。また、多くの他者の死を経験し、自分の死の確実性や不可避性について自覚することはできる。人間は〈死すべきもの〉として生まれる。死は確実に訪れ、すべてを無にする。そこから、この世から消え去ってしまうことへの不安が生じる。

人は生まれ、生きて、そして死ぬ。死はいつ来るか知れない。背後の磯に潮が満ちてくるように、死は後ろから迫ってくる。人生は急ぎ過ぎゆき、そして終わる。人の行き着くところは死である。一夜を明かす旅寝の床のように、この身は仮初めのもの、陽炎《かげろう》や夢のようなものといわれてきて久しい。人間存在は、死を前にして無力である。

しかも、人生は苦しいことの方が多い。生まれたものは病や老いに悩み、憂いや惑い、悲しみや苦悩から逃れられない。憎しみに会い、求めても得られず、愛するものと別れねばならない苦痛は、人生につきまとう。そればかりか、多くの場合、苦痛なしには命を失っていくことができない。

人生は、死という同じ一つの出口だけがある数多くの迷路である。盆中の虫のように、同じところをぐるぐる回っている迷路のような人生に、どれほどの意味があるのだろうか。死を前にしては、この世で得られた権力や名誉も、水の上に書かれた文字のように空しい。死は生を無意味化する。避けられない死のことを考えると、人生の意味が問われてくる。

死は、すべてのものの絶対否定である。死によって諸行は跡形もなく消え失せ、停止する。死は、人間存在の根底に潜む空無性を浮かび上がらせる。諸関係の偶然の結合から生は生じ、それはいと速やかに離散する。その離散が死である。諸関係の結合によって自己は作られるが、自己は実体ではなく、死によって消滅する。個体性とか同一性も幻のようなものであり、死によって失われる。死の世界は、時間空間を越えた無底であり、そこには美醜もなければ、善悪もない。しかし、この寒暑なき闇こそ、一切の苦や憂いの消え失せるところであろう。死は、すべての苦悩からの解放であり、そこでは、この世の罪も消滅する。死の世界は、苦も楽もない永遠の静寂の世界である。

生きているということは、諸要素の結合によって生きているということであり、死ぬということは、それらの分散である。物質とエネルギーの偶然の結合や収縮によってわれわれは生まれ来たり、その分散によって滅す。とすれば、諸要素の結合によって生じた業苦や煩悩も、その分散によって消滅するであろう。死は、一種の救いなのである。

死は眠りに近い。死は永遠の熟睡なのである。死は永遠の休息であり、平安である。ならば、死は望むべきもの、喜ばしきものだと言わねばならない。「死ぬる日は生まるる日に愈《まさ》る」と言われるように、命あるものに死があるのは幸いである。すべてを解決してくれるもの、それが死である。死は慰めである。死は、この世の醜悪なもの、重荷からの解放であり、この世の煩悶から解き放ってくれる。死の世界には、怒りも恥も迷いもない。死は、苦しみに満ちた現世からの唯一の脱出口であり、避難所なのである。

なるほど、人は死を恐れる。特に死に至る苦痛を恐れる。しかし、死に至る苦痛は生の苦痛であって、死ではない。死そのものは苦ではなく、むしろ苦からの解放である。死は恐るべきものではない。むしろ、死なないことの方を恐るべきであろう。病苦や老醜のうちにいつまでも生きていなければならないとしたら、それは不幸である。

人はどこからきてどこへ去るのか。人生が短くほんのひと時だとすれば、われわれの世界は、ほとんど死者の国に囲まれている。生の底には死がある。しかし、そこからまた、あらゆるものが生まれてもくる。生は、死の海にしばし現われた渦のようなものである。死は生から生じ、生は死から生じる。死がなければ、生はない。生死は裏腹、表裏である。

生物学的にみても、生命に死が生じたのは、生物が有性生殖を発明して以来のことである。しかし、生体を構成している細胞に注目すれば、そこでは細胞が絶えず死と再生を繰り返し、生体を維持している。細胞には、自分の状況を判断して死を自ら引き受け、新しい細胞に席を譲る能力が備わっている。細胞の自死によって、生命は形づくられている。生を更新するには、細胞の死が必要なのである。死なくして生はない。生命個体の場合も同様で、種の存続のためには個体の死が必要である。その種にも絶滅ということがあり、その絶滅によって新しい種が誕生する。この地球や宇宙も、また同じことなのであろう。自分に与えられた機能を果たし死んでいく細胞を顕微鏡で見ていると、それは、宇宙の中の星の生成と終焉に似ているという。

生きとし生けるものの死は、宇宙への帰還なのである。人間も、死を通して、宇宙へ回帰する。人間の一生は、宇宙の時の流れの中ではほんの一瞬にすぎないが、その一瞬を生きて、宇宙という大海に帰っていく。人間を超える大いなるものへの帰還、それが死である。人間は、そこから生まれ、そこへと死す。それは、生の終着点であると同時に、生の源でもある。宇宙は、銀河をつくり、星をつくり、惑星をつくり、生命を生み出してきた。その生命も、惑星も、星も、銀河も、また宇宙に帰っていく。そして、宇宙そのものも死と再生を繰り返して、常に更新される。

われわれは、大宇宙に生かされ、生き、そこへと帰る。われわれの死は、われわれが大自然の中の働きであることを教えている。人間を含む生き物が、誕生し、成長し、老化し、死ぬこと、それらすべてを、大自然の中の働きとして受け入れねばならない。大海に現われた波の一つのように、私は、生きたことによってわずかの痕跡を残し、もう一度宇宙の大海に回帰する。生ばかりでなく、死も、永遠な生命の活動の姿である。生は死であり、死は生であり、生と死は一つである。生をよしとするなら、死もよしとしなければならない。わずかな時間しか生きることのできない死すべき命も、無限の宇宙につらなっている。死は終わりではなく、一つの過程なのである。

昔から、哲学は〈死を学ぶこと〉だと言われてきた。死を見つめ、死を自覚することによって、世界と世界に存在するすべてのものは驚きと化す。そのとき、物事の本質はよく見えてくる。物事をその消滅点から見ることができるからである。われわれは、自己自身の奥底に死があることを知って、はじめて真にものを見ることができるのである。闇の中から光をとらえた方がよりはっきりと見えるように、死から生をとらえた方がかえって生が見えてくる。哲学は、生きているうちから、死に身を置いて見ることなのである。生よりも死に近いところから物事をとらえるべきであるということが、哲学は死の練習だということの意味だったのであろう。

「メメント・モリ」という中世以来の教えは、深い意味をもっていたのだと言わねばならない。

参考文献

1

ヘラクレイトス『断片』ソクラテス以前哲学者断片集　別冊　内山勝利編　岩波書店　一九九八年
ヘラクレイトス『断片』田中美知太郎訳　ギリシア思想家集　世界文学大系63　筑摩書房　一九六五年
カプラ・F『タオ自然学』吉福伸逸訳　工作舎　一九九九年
ボーム・D『全体性と内蔵秩序』伊藤笏康訳　青土社　二〇〇五年
プリブラム・K・H『脳の言語』岩原信九郎訳　誠信書房　一九七八年
『さとりへの遍歴』上・下（『華厳経』入法界品）梶山雄一監修　中央公論社　一九九四年

2

ベルクソン『創造的進化』松浪信三郎・高橋允昭訳　ベルグソン全集4　白水社　一九六六年
ゲーテ『植物学』野村一郎訳　ゲーテ全集14　潮出版社　二〇〇三年
三木成夫『胎児の世界』中公新書　中央公論社　一九八三年

3

デカルト『省察』井上庄七訳　中公クラシックス　中央公論新社　二〇〇二年
ピアジェ『発生的認識論序説』第二巻　田辺振太郎・島雄之訳　三省堂　一九七六年
ベルクソン『時間と自由』平井啓之訳　ベルグソン全集1　白水社　一九六五年
ベルクソン『持続と同時性』花田圭介・加藤精司訳　ベルグソン全集3　一九六五年
アリストテレス『自然学』アリストテレス全集4　内山勝利他編集　岩波書店　二〇一七年
カント『純粋理性批判』上　有福孝岳訳　カント全集4　岩波書店　二〇〇一年
プリゴジン、スタンジェール『混沌からの秩序』伏見康治他訳　みすず書房　一九八七年

4

ルロワ＝グーラン・A『先史時代の宗教と芸術』蔵持不三也訳　日本エディタースクール出版部　一九八五年
ギンブタス・M『古ヨーロッパの神々』鶴岡真弓訳　言叢社　一九八九年
イェンゼン・A・E『殺された女神』大林太良他訳　弘文堂　一九七七年
エリアーデ・M『永遠回帰の神話』堀一郎訳　未来社　一九六三年
横山玲子「マヤにおける5の象徴性」『マヤとインカ――王権の成立と展開』貞末尭司編　同成社　二〇〇五年

5

マリア・ロストウォロスキ『インカ国家の形成と崩壊』増田義郎訳　東洋書林　二〇〇三年

クラヴィホ『チムール帝国紀行』山田信夫訳　桃源社　一九七九年
玄奘『大唐西域記』1　東洋文庫　水谷真成訳注　平凡社　一九九九年
和辻哲郎『風土』和辻哲郎全集　第八巻　岩波書店　一九七七年

6

ソフォクレス『アンティゴネー』木曽明子他訳　ギリシア悲劇全集11　岩波書店　一九九一年
ヘーゲル『精神現象学』長谷川宏訳　作品社　一九九八年
竹田出雲『菅原伝授手習鑑』日本古典文学大系99　文楽浄瑠璃集　岩波書店　一九七八年
シャットシュナイダー・D『エッシャー・変容の芸術』梶川泰司訳　日経サイエンス社　一九九一年
ポランニー・K『経済の文明史』玉野井芳郎、平野健一郎訳　日本経済新聞社　一九九七年

7

『孫子』金谷治訳注　ワイド版岩波文庫　二〇〇一年
『韓非子』上・下　竹内照夫訳　新釈漢文大系11・12　明治書院　一九七〇年
『老子』蜂屋邦夫訳注　ワイド版岩波文庫　二〇一二年

8

大矢鞆音『評伝田中一村』生活の友社　二〇一八年
『定本良寛全集』第一巻　内山知也他編集　中央公論新社　二〇〇六年
森鷗外「寒山拾得」鷗外歴史文学集　第四巻　岩波書店　二〇〇一年

『寒山』入矢義高注　中國詩人選集5　岩波書店　一九六九年

9

『マハーバーラタ』山際素男編訳　三一書房　一九九一～九八年
『金光明最勝王経』国訳大蔵経　経部　第十一巻　国民文庫刊行会　一九一七年
親鸞『教行信証』金子大栄校訂　ワイド版岩波文庫　一九九一年
親鸞「正信念仏偈」増谷文雄名著選Ⅱ『親鸞の生涯　歎異抄　親鸞の思想』佼成出版社　二〇〇六年
『親鸞和讃集』名畑応順校注　ワイド版岩波文庫　二〇〇一年
道元『正法眼蔵』河村孝道校訂「道元禅師全集」第一巻　第二巻　春秋社　一九九一年　一九九三年

10

九鬼周造『偶然性の問題』岩波書店　一九六八年
セネカ『人生の短さについて』茂手木元蔵訳　ワイド版岩波文庫　一九九一年
セネカ『倫理書簡集』Ⅰ　高橋宏幸訳　セネカ哲学全集5　岩波書店　二〇〇五年
エピクテトス『語録』鹿野治助訳　中公クラシックス　中央公論新社　二〇一七年
マルクス・アウレーリウス『自省録』神谷美恵子訳　岩波クラシックス7　岩波書店　一九八四年

（参考文献として邦語・邦訳文献の代表的なものをあげ、本文中の引用などはそれらに従ったが、本書の性格を考えて、詳しい註は省略した。）

図版出典

ハンス・イェンニのキマティーク　中村雄二郎『かたちのオディッセイ』岩波書店　一九九一年　二七八頁
シュターデル洞窟のライオンマン　https://ja.wikipedia.org
ギョベックリ・テペ遺跡　https://ja.wikipedia.org
古ヨーロッパの女神像　マリヤ・ギンブタス『古ヨーロッパの神々』鶴岡真弓訳　言叢社　一九八九年　写真138
顔面把手付深鉢（出産文土器）山梨県北杜市教育委員会蔵
パカル王の石棺（蓋）の図像　貞末尭司編『マヤとインカ——王権の成立と展開』同成社　二〇〇五年　一二七頁
カン・パラムの即位図　貞末尭司編『マヤとインカ——王権の成立と展開』同成社　二〇〇五年　一二八頁
円の極限Ⅳ『M・C・エッシャー』タッシェン・ジャパン　二〇〇五年　25
アダンの海辺　NHK出版編『田中一村作品集』（増補改訂版）NHK出版　二〇一三年　一〇四頁

不喰芋と蘇鉄　ＮＨＫ出版編『田中一村作品集』（増補改訂版）ＮＨＫ出版　二〇一三年　一〇八頁
©2023　Hiroshi Niiyama
可翁の寒山図　https://ja.wikipedia.org
ギョイヨ・マルシャンの「死の舞踏」図　エミール・マール『中世末期の図像学』（下）　田中仁彦他訳
国書刊行会　二〇〇〇年　一〇一頁

あとがき

私は、今まで、一哲学者として、自然、倫理、歴史、芸術、宗教、存在、認識、文明、時代などについて考察してきた。それは、人生と世界一般にわたる自分なりの哲学の展開だったと言えるだろう。

今回の著作は、この私の哲学のエッセイ版であり、それぞれのテーマをできるだけ短く簡潔に書いたものである。したがって、このエッセイ集は、今まで書いてきた著作のような系統的叙述ではなく、全体としては、十分な統一がとれていない。語っている内容も、宇宙、生命、時間・空間、人類史、人間、実践、芸術、宗教、人生と、多方面に及んでいる。

そこには、〈宇宙はどのような成り立ちをしているのか〉〈動物や植物など生きものはどのような生き方をしているのか〉〈人類史は何から始まるのか〉といった問題意識に触発されたものもあれば、〈日本精神史の一隅を照らしている人々の思想はどのようなものだったのか〉〈偶然の出会いから形成される人生とは何か〉など、様々な興味に導かれたものがある。

しかし、そのような広範な叙述の中にも、一貫したものがないわけではない。その通底するものを取り出すとすれば、それは、〈相反《あいはん》するものの相補性〉という思想に行き着く。つまり、天と地、生と死、善と悪、聖と俗、煩悩と救いなど、相反するものは相補《あいおぎな》って存在し、それらが絡み合って、生成流転する世界は成り立っているという考えである。宇宙的なものとその中で生きる人間を見据えながら書いてきた諸作品の低層流には、なお、私なりの生命哲学、〈相成〉*の哲学が流れていると言えるだろう。絶えることのない変化の流れの中で、すべてのものは生成する。

教養の崩壊ということが言われて久しいが、軽重浮薄な思想が蔓延《はびこ》る現代、生きていることの理解のために様々な観点から生を照射している本書を通して、何ほどかの印象を作り出せるなら幸いである。

なお、本書が出来上がるにも、多くの方々のお世話になった。特に、ミネルヴァ書房社長杉田啓三氏と、編集部の堀川健太郎氏に、心からお礼申し上げたい。

＊〈相成〉とは、私の造語で、〈相互作用からの自己形成〉を意味する。万物は相互連関から生成するの意。

二〇二三年八月

著　者

た 行

な 行

は 行

ま 行

や 行

ら 行

事項索引

ま　行

ら　行

わ　行

人名索引

《著者紹介》

小林道憲（こばやし・みちのり）

1944年　福井県生まれ。京都大学文学部、同大学大学院文学研究科で哲学（西洋哲学史）を専攻。福井大学教育学部（後・教育地域科学部）教授、および、同大学大学院教育学研究科教授。麗澤大学比較文明文化研究センター客員教授を経る。

主　著　〈哲学研究〉

『ヘーゲル「精神現象学」の考察』（理想社）、『生命と宇宙』『複雑系社会の倫理学』『歴史哲学への招待』（ミネルヴァ書房）、『宗教とはなにか』『宗教をどう生きるか』（日本放送出版協会）、『複雑系の哲学』『続・複雑系の哲学』（麗澤大学出版会）、『生命（いのち）の哲学』（人文書館）、『芸術学事始め』（中央公論新社）

〈現代文明論〉

『欲望の体制』（南窓社）、『われわれにとって国家とは何か』（自由社）、『近代主義を超えて』（原書房）、『20世紀を読む』（泰流社）、『二十世紀とは何であったか』『不安な時代、そして文明の衰退』（日本放送出版協会）

〈比較文明論・日本研究〉

『古代探求』（日本放送出版協会）、『古代日本海文明交流圏』（世界思想社）、『文明の交流史観』（ミネルヴァ書房）

著作集　小林道憲〈生命《いのち》の哲学〉コレクション　全10巻（ミネルヴァ書房）

生成流転の哲学

——人生と世界を考える——

2024年２月20日　初版第１刷発行　〈検印省略〉

定価はカバーに
表示しています

著　者　小林道憲
発行者　杉田啓三
印刷者　田中雅博

発行所　株式会社　ミネルヴァ書房

607-8494　京都市山科区日ノ岡堤谷町１
電話代表　(075)581-5191
振替口座　01020-0-8076

創栄図書印刷・新生製本

ISBN978-4-623-09735-7

Printed in Japan

小林道憲〈生命《いのち》の哲学〉コレクション

全十巻＊Ａ５判上製カバー／各巻三四〇～五四二頁
各巻本体六五〇〇円（税別）／揃価格本体六五〇〇〇円（税別）

1 生きた自然を探求する
——躍動する生命と宇宙

2 動く倫理学を展開する
——生成変化の中の実践

3 生命パラダイムから歴史と芸術を読む
——行為と表現の世界

4 宗教とは何か
——根源的生命への帰一

5 複雑系を哲学する
——〈生成〉からとらえた〈存在〉と〈認識〉

6 現代とはどのような時代なのか
——現代文明論の試み

7 世界史的観点から現代を考察する
——二十一世紀への道

8 文明とは何か
——文明の交流と環境

9 古代日本人の生き方を探る
——古代日本研究

10 ヘーゲル哲学を研究する
——付・断片集、句歌集、評論